燃燒殆盡的人

池井佑丞——著
林函鼎——譯

前言

「不論做什麼，都感到無所謂，無法擺脫倦怠，
身體有如被掏空一般的能量耗盡，
即使想要努力，也無法振作。」

當你有了上述的症狀時，就表示你可能已經罹患了「燃燒殆盡症候群」。

「燃燒殆盡症候群？」

應該有許多人是第一次聽到這個名詞。

所謂的燃燒殆盡症候群，**舉例來說，就是一個總是努力工作的人，某天突然像是心火熄滅一般，完全失去工作的熱情與動力，變成「Burn out」的狀態。**

若是放任燃燒殆盡症候群持續下去，會開始出現頭痛、失眠、沒有食慾等症狀，甚至演變成無法集中工作、睡過頭的情況，使人難以維持社會生活。

燃燒殆盡症候群以往好發於醫生、護理師、護士、教師等職業，這類人將自己奉獻給他人，結果在不知不覺間過度消耗自己，最後身心俱疲。

然而**最近不分職業與性別，燃燒殆盡症候群以世代為規模擴散，製造了更多「燃燒殆盡先生」**。

為何會有這麼多燃燒殆盡先生呢？

首先，現代社會發達的資訊流通速度，人們二十四小時不間斷的使用社群網站，相較於過往，壓力更迅速地在人群間擴散。

其次，近年來由於新冠疫情，人們的工作與生活型態大幅改變，這種急遽的變化會讓人產生大量的壓力，「雖然已經努力了這麼久，但真的撐不下去了……」像這樣的人，很有可能變得更多。

燃燒殆盡症候群不是傳統定義上的疾病。

但這不代表可以掉以輕心，「只是有點累了，休息一下就會恢復。」這樣的想法其實是很危險的。

若是放任燃燒殆盡症候群不管，很有可能演變成憂鬱症等心理疾病，反而需要花費更多時間治療，持續的痛苦也會影響患者的家庭與職場。

最好的處理方式，就是在「難道我得了燃燒殆盡症候群？」階段時就及早擬定對策。

幫助你在得到「燃燒殆盡症候群」時**能對症下藥**，這就是本書的寫作目的。

開頭的第一章，我會講解「燃燒殆盡」的種種徵兆，為了方便理解，**會以「火種」、「薪柴」、「環境」等三個燃燒的要素**來作說明。

同時也會提及在職業、年齡、性格等社會背景框架下，哪些人更容易讓自己燃燒殆盡。

第二章則是**針對已經燃燒殆盡的人，提出心靈護理的方法**，如果是已經燃燒殆盡的人閱讀本章，可以邊實踐書中介紹的做法，並從中找回身心失去的元氣。

經歷心靈護理之後找回動力，甚至開始重拾挑戰心情的人，請保持這份心情繼續閱讀第三章與第四章的內容。

第三章是介紹**關於如何找到內心「火種」，並增添「薪柴」加大火勢的方法**。第四章則是說明**如何透過「改變周遭」來製造出適合燃燒的「環境」**。

在燃燒殆盡症候群患者不斷增加的當下，思考如何為他們提供幫助，是我最想做的事。

第五章就是在以這個想法出發，**講述當你身處職場或家庭等環境，若身邊有人陷入燃燒殆盡症候群，得以提供支援、協助親友擺脫困擾的方法**。第六章則是**幫助好發燃燒殆盡症候群的企業組織找出問題癥結點及對策**。

我試著用簡單易懂的做法作為切入點，為各位盡一份心力，請務必試試看我提出的方法。

透過本書所提供「燃燒殆盡症候群」的對應法，你可以讓身心不再被艱困的環境消磨，為生活找到喘息的空間。

要是能擺脫燃燒殆盡的狀態、恢復元氣，不論對自己或是周遭的人來說，都是最重要的事。

前言 003

第1章

「燃燒殆盡」是任何人都有可能發生的現象

你，或許已經燃燒殆盡了!? 018
◆雖然不是病，但卻是只差臨門一腳的危險狀態
◆如果出現以下症狀就要小心了

燃燒殆盡症候群大致可以分為三個種類 026
類型1 火勢過於猛烈，一下子燒光光的「燃燒過頭型」
類型2 有火種卻燒不起來，一直冒煙的「燃燒不完全型」
類型3 沒有火種，完全燒不起來的「無法燃燒型」

容易發生「燃燒殆盡」的現代社會，症狀出現在誰身上都不奇怪 036
◆與職業、個性、資質無關，誰都可能會燃燒殆盡
◆「情報過量」會導致疲勞累積
◆「交流過多」使感情磨損
◆「僱傭型態與價值觀的改變」讓不滿膨脹
◆「努力卻得不到回報的剝奪感」讓人失去動力

就連身為醫生的我，都發生過兩次「燃燒殆盡」 044
◆在大學考試前，沒想到會無法燃燒
◆練就泰拳使我找回燃燒的動力
◆從燃燒殆盡中恢復的方法與預防法
Column 1 預防容易帶來燃燒殆盡症候群的「五月病」、「六月病」 050

第2章 燃燒殆盡的時候，先把「篝火」整頓好

燃燒殆盡的話，先把「篝火」架起來吧！ 056
◆「好好休息」也是才能的一種
步驟❶ 安全生活「睡得好，起得早」 062
◆不只是身體休息，「內心也要跟著休息」
步驟❷ 日常生活「正常地過生活」 066
◆分散注意力在有益的地方上
◆身心是會隨狀況起伏不定的
步驟❸ 社會生活「認真玩耍，認真工作」 070

◆保持在假日有遊玩餘力的「健全狀態」
◆休職的時候，用「生活紀錄表」保持規律
◆做好職場心理諮商，邊復健邊準備復職

步驟4 健全生活 「為了未來而努力」 078

Column 2 燃燒殆盡？憂鬱症？讓人無法忽視的「適應障礙」 080

第3章 為了再次燃燒，「火種」與「薪柴」是必要的

將你內心的「火種」變大吧！ 084

為了順利燃燒，「名正言順」是必要的 086
◆慾望、恐懼、理想、信念之間的平衡很重要
◆馬斯洛的「欲求五階段論」
◆發現「努力的理由」，從燃燒殆盡中復活的D先生

目標：「成為做自己的社會人」 098
◆從「〇年後的目標」回推，建立百日計畫

成為添加薪柴的高手 102
◆方法／區別「想做的事」、「該做的事」、「不該做的事」
◆不要在「不該做的事」上浪費力氣
◆建立行事曆
◆行動／動手實行，培養成習慣
強化二氧化碳濾淨機（壓力管理） 115
◆減少「五個不」
◆根除「認知上的偏見」，調整好壓力濾鏡

第4章 建立讓燃燒順利進行的「環境」

如何建構身邊的「環境」 126
找到支撐自己的「五人後援」 128
◆「五人後援」的理想作用
◆偶爾也需要「忠言逆耳」的角色
◆改變人際關係，克服依存症狀的E先生

擺脫人際關係的壓力，「孤獨力」也是必要的 138
◆要讓自己成長，孤獨的時間是必要的
當「環境」存在明顯的問題時，適當地尋找出口抒發 141
◆長時間加班導致身心俱疲
◆掌握職場騷擾的標準與分寸是很重要的

第5章 想想身邊是否也有「燃燒殆盡先生」？

發現同事或家人當中有「燃燒殆盡先生」時該怎麼辦？ 150
◆當心不要演變成憂鬱症
◆惡化成憂鬱症時是很難恢復的
◆疑似憂鬱症時出現的徵兆
辨別燃燒殆盡（憂鬱狀態）的兩道提問 156
該對燃燒殆盡先生（憂鬱狀態）說的五句話 159
不能對燃燒殆盡先生（憂鬱狀態）說的五句話 165

所謂職場是爭取報酬的地方，有效評估業務量與負荷 170
認真傾聽家人的話，成為生活的後援 173
Column 3 將「遠距工作」變爲正面的工作模式 175

第6章 針對容易發生燃燒殆盡狀況的組織的處方箋

什麼樣的組織容易讓員工燃燒殆盡？ 182
對策❶ 長時間勞動（過勞）對策 給予充分睡眠時間的勞動管理 185
◆與長時間勞動者的談話與關懷是必要的
對策❷ 騷擾對策 不讓下屬燃燒殆盡的上司所具備的言行 189
◆如何讓訓斥不要變成職權騷擾的要點
對策❸ 動機、價值對策 讓組織成為「火種」的明燈 193
◆楷模、評價制度、安全感

對策❹ 休職、復職支援對策 跨越困難，使其再次燃燒的支援 198
「燃燒殆盡」不是個人問題，組織的對策也很重要 203
後記 205

第1章

「燃燒殆盡」是任何人都有可能發生的現象

你，或許已經燃燒殆盡了！？

大多數在職場上打滾的人，應該都有過身心俱疲、提不起勁的經驗。

「今天真不想上班啊……」、**「真的累了……」**、**「一切都糟透了，完全提不起勁。」**——大家應該都有過這種時候吧？

這時我們往往會強行壓抑將工作丟下的衝動，咬牙撐過去，當作一切都沒問題。試圖轉換心情，休息片刻再繼續努力。

然而，當工作的期限不斷逼近、無法集中精神、單純的流程又不斷發生同樣錯誤時，周圍的人就會開始產生疑問：「怎麼了？這不像平時的你啊？」——

當這樣的狀況不斷發生，就不能當作「只是累了。」來看待，你可能已經得到了**「燃燒殆盡症候群」**。

以前就算發生糟糕的事情，靠著努力總還能勉強撐過去，但現在卻如同心中指引方向的明燈熄滅了一般，你的力量與幹勁都一起流失了，這就是使人從社會脫節的「燃燒殆盡症候群」。

雖然每個人遇到的狀況不同，**但只要持續忽視自己的身心狀況，就有可能演變成燃燒殆盡症候群。**

會得到「燃燒殆盡症候群」的人大多數都是「努力家」，正因為是「努力家」才容易把生活過得艱苦。

「太過努力導致後繼乏力」、**「想努力但真的沒辦法了」**

本書正是想提供給這一類人閱讀。

雖然不是病，但卻是只差臨門一腳的危險狀態

「燃燒殆盡症候群」是美國學者赫爾伯特．弗瑞登伯格（Herbert

Freudenberger）[1]於一九七〇年提出的用語，當時紐約有許多年輕精神科醫生投入藥物濫用者的治療，剛開始每個人都幹勁滿滿，但隨著時間過去，他們卻逐漸喪失熱情，精神與肉體上出現各式各樣的症狀。這種情況，赫爾伯特稱之為**「燃燒殆盡（Burn out）症候群」**。

燃燒殆盡症候群**會帶給身體深深的疲勞感，也會讓情感陷入枯竭**，與心理疾病的「憂鬱症」有相同的病徵，但還不到醫學上定義為疾病的程度。

至少就目前來說，國際醫療權威「美國精神醫學會」所出版的「DSM-5」（精神障礙診斷與統計手冊第五版）還沒將其列為疾病。

但是另一個國際權威：世界衛生組織（ＷＨＯ）的ＩＣＤ（國際疾病分類）卻調整了認定，在二〇二二年一月最新發表的「ICD-11」（國際疾病分類第十一版），將「燃燒殆盡症候群」列入其中。

這裡的燃燒殆盡症候群並不是病名，而是「影響健康狀態的因素」之一，歸類於「僱傭與失業問題」類別。燃燒殆盡症候群若是因「管理失當的職場所衍生的壓力」而發生，會具備以下三個特徵。

❶不斷感覺身心被消耗失去能量
❷對工作產生逃避感，態度變得冷漠
❸工作效率變差

ICD–11並沒有將燃燒殆盡症候群視為疾病，而是在職場中所產生狀況與現象。

但**放任這種狀況持續發生，就有惡化成「憂鬱症」等心理疾病的危險**。

我擔任產業醫生的時候，在職場中的許多精神病患身上都看見「燃燒殆盡」的症狀。

燃燒殆盡症候群所導致的休職、離職，會連帶使人陷入經濟困境，人際關係惡化孤立，進而引發一連串更嚴重的問題。

1 赫爾伯特・弗瑞登伯格是德國出生的美國心理學家，研究壓力、藥物濫用的治療。

如果出現以下症狀就要小心了

燃燒殆盡症候群會使身體與精神上出現各種症狀，但每個人的感受與症狀都有所差異，就算同樣是敏感的人，也會出現心情低落或變得激動的不同反應。

關於燃燒殆盡症候群的症狀與風險，有一個知名的指標：**「Burn out 測定評量」**，這雖然不是用來診斷「是否罹患燃燒殆盡症候群」的工具，但可以當作參考，**符合的項目越多，越有可能罹患燃燒殆盡症候群**。

Burnout 測定評量（Maslach Burnout Inventory）（包含正向提問）

❶ 想要辭掉當下的工作
❷ 埋首工作到忘我的程度
❸ 對於枝微末節的事情感到煩躁
❹ 認為這份工作符合自己的性格

❺ 看到同事與顧客的臉就感到厭惡
❻ 認為自己的工作是一件無趣的事
❼ 下班時會產生「終於能夠下班了」的感覺
❽ 討厭出差，想留在家裡
❾ 完成工作時，能感受到今天的美好
❿ 面對同事與顧客有時會出現無話可聊的狀況
⓫ 認為工作的結果是好是壞都無所謂
⓬ 認為自己因為工作失去心理上的餘裕
⓭ 會因為現在的工作而感到喜悅
⓮ 認為工作對自己來說毫無意義
⓯ 熱中於工作以至於忘了時間
⓰ 認為自己身心俱疲
⓱ 能維持生活步調，順利完成每件工作

這份 Burn out 測定評量目的是分析職場上的心理狀態，正在工作的人比起一般人能夠得到更準確的結果。

要進一步探討**身體、生活、社會方面狀況**的話，可以繼續參照以下列表：

身體方面的症狀

- **強烈的倦怠感、疲勞感、脫力感**
- **食慾不振或食慾異常增加（吃太多或喝太多都算）**
- **睡眠障礙（失眠、睡過頭、睡得很死）**
- **頭痛、肚子痛、肩膀僵硬、腰痛、關節痛、肌肉痛**

生活與社會方面的變化

- **遲到、早退、缺席增加**
- **工作上的失誤增加，表現變差**

◆儀容與生活一團亂
◆面無表情，態度厭世
◆沉迷遊戲、賭博、酗酒、戀愛

當以上狀況一直不見好轉的時候，自身及周圍的人就該意識到「或許已經燃燒殆盡了」，及早採取預防與改善措施。

燃燒殆盡症候群大致可以分為三個種類

接下來讓我們更進一步了解「燃燒殆盡症候群」。

大多數人對於「燃燒殆盡症候群」的印象是：平時過度努力的人，在某一天突然因為筋疲力竭而倒下。

這確實是典型的狀況，但也有例外。

燃燒殆盡症候群大致可以分為三個種類：

❶「燃燒過頭先生」

❷「燃燒不完全先生」

❸「無法燃燒先生」

大家或許會覺得同樣都叫做「燃燒殆盡症候群」，居然還分成「燒完了」跟「燒不了」？讓我用更簡單的舉例來說明。

比如說，要生起營火時，大家覺得需要哪些東西呢？答案是**「火種」、「薪柴」以及包含氧氣在內的「環境」**。

同樣地，維持充實的工作幹勁、持續努力的狀態，就像燃燒一般，我們將自己的身心健康當成燃料，這樣一想就能發現維持「火種」、「薪柴」、「環境」的重要性。

所謂的「火種」即為動機，是努力的理由，「薪柴」是保持燃燒的作為與火勢的調節，「環境」則是人際關係與職場環境等外在因素。

若將火種放入適合的環境，並合理的、持續性的添加薪柴，就能讓火勢保持穩定燃燒。就算有好的火種與環境，遇上錯誤的添柴方式也是會熄滅的。同樣的，添加了好的薪柴，惡劣的環境也會讓火種燃燒不起來。當然如果沒有火種的話，再好的薪柴與環境也是枉然。

也就是說，**火種、薪柴、環境這三者缺一不可，任何一個環節發生問題都會無法燃燒。**

三個環節各自需要不同的處理對策，讓我分別從三種類型來進行說明。

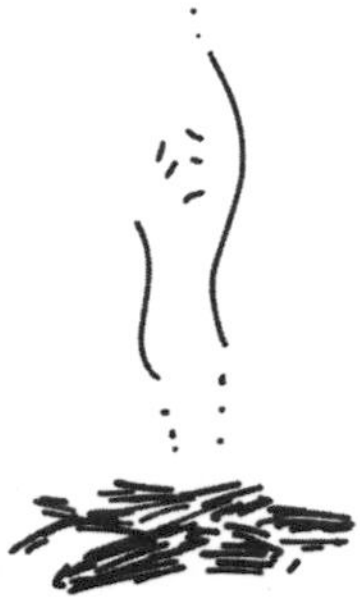

火勢過於猛烈一下子燒光光的

「燃燒過頭先生」

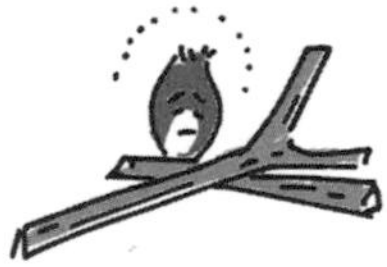

薪柴或環境發生問題的

「燃燒不完全先生」

根本沒有火種的

「無法燃燒先生」

類型1 火勢過於猛烈，一下子燒光光的「燃燒過頭型」

案例／四十歲出頭的男性A先生

A先生是任職某中堅企業的商務人士，他作為課長帶領許多下屬，深得上司信賴。周圍的人都認為他是「能幹大事的人」。

某天A先生擔當一件高難度企劃的負責人，他不只沒有感受到壓力，反而因為被委以重任感到自豪，充滿著使命必達的亢奮感。經歷了半年不眠不休的努力，A先生帶領的團隊順利完成企劃。

然而，企劃結束的兩個月後，A先生出現了注意力無法集中的問題，於是向產業醫生尋求幫助。

確認了A先生的勤務狀況後，醫生認為A先生在企劃中持續過勞，雖然本人「沒有察覺任何壓力與疲勞，反而十分充實且有成就感」，但實際上身心過度消耗導致能量耗盡，直到企劃結束一段時間後，才開始發生問題。

最終，在醫生的建議下，A先生進行了長達兩個月的停職。

像這樣努力過頭導致身心被過度消耗，能量枯竭的人就是「燃燒過頭先生」，大量的添加薪柴之後，火焰將一切燃燒殆盡，屬於最典型的案例。

A先生這種「燃燒過頭型」，大約佔了燃燒殆盡症候群患者的20％。

類型2 有火種卻燒不起來，一直冒煙的「燃燒不完全型」

案例／三十五歲的男性B先生

B先生進某大型企業任職至今已經十年，按部就班往上爬的B先生，是公司內備受期待的年輕職員之一。兩年前開始擔任主任職，負責指導新人如何應對客戶。

主任的業務範圍相當廣泛，不只需要解決各種課題，B先生也不斷思考如何提高工作品質。但因為無法掌握上司的要求，在備受期待的狀況下，被「不要浪費時間在不重要的事上！」、「你應該是更聰明的人吧？」等話語所苛責。

B先生不斷感到被上司以及下屬疏離，慢慢地失去了對工作的熱忱。終於在某一天的重要會議中，B先生無故離開公司，造成了不小的騷動。

周圍的人建議B先生向產業醫生求診，「我明明就很努力了，卻得不到肯定。」大吐苦水的B先生說：「我力求表現只是希望被周圍的人看見。但不管怎麼做都得不到肯定，我已經不想再努力了。」他因為陷入了不滿與自暴自棄，精神受到的打擊顯而易見。醫生建議B先休職，期間持續治療直到找回工作的意願再復職。

B先生的案例**屬於想燃燒卻無法燃燒「燃燒不完全型」**，擁有想要燃燒的火種卻因為錯誤的環境，無法正常地燃燒。

這種因為「燃燒不完全」而導致身心出現異常的類型，大約占燃燒殆盡症候群患者的15%。

類型3

沒有火種，完全燒不起來的「無法燃燒型」

案例／二十五歲的女性C小姐

C小姐畢業於國內知名大學，並且順利錄取第一志願的公司，她一直憧憬著能在職場來回奔波，做有意義的工作。但事與願違，C小姐被分配到完全沒有興趣的後勤單位。

因為得不到想要的位置，C小姐失去了工作熱情，心不在焉的工作了數年之久。

這樣做的後果就是，C小姐在工作中所學到的技能，都只有半吊子的程度，與同時期入職的同事在能力上產生巨大的落差。當工作一多，與同事相較之下不只戰力低落，還沒有衝勁，遲到與缺席肉眼可見的增加，給周圍的人一種「不想幹了」的感覺。

憂心忡忡的上司只好叫C小姐去找產業醫生諮商。

C小姐噙著淚水哭訴：「我對這份工作不感興趣，好想辭職。」她假日沒有與朋友出遊，飲食與睡眠等生活狀態也陷入一團糟。我們與C小姐諮商結束之後，將結果交給上司，並持續協助C小姐恢復身心健康。（C小姐的恢復過程於第二〇一頁詳述）

這屬於失去火種的「無法燃燒型」，沒有火種的話，再好的薪柴與環境也無法產生火焰，找不到努力的理由，連為何而戰都不知道。

近年來，**像C小姐這樣的案例越來越多**，學生時代的人際關係絕大多數來自於與同年紀的朋友相處，隨著社群網站的普及，形成價值觀的同溫層，建立了專屬於志同道合夥伴的封閉生活圈。

但社會人的構成因素是相當複雜的，加入了前輩與上司的直屬關係，不能因為應付不來就選擇逃避，就算是不感興趣的事情也只能咬牙面對。

本來，從上司以及前輩身上學到「何謂工作」，就是社會人的成長過程之一，但受到新冠疫情的影響，這樣的人際互動變得稀少，大家開始認為找不到努力方向及缺乏自我肯定是沒有自我主張的人的象徵。

但**這只會讓本人陷入困境之中**，無法朝著自己的職涯和人生規劃前進，成為一個成熟的社會人。對於年輕人來說，要承受這份苦澀向前邁進，是人生的一道困難挑戰，**成功不是一蹴可幾的**。

這樣的「無法燃燒型」佔了群體的15％，與前兩者合計總共佔50％，剩下一半是多種類型混和的複合型，無法用單純的分類辨別。

容易發生「燃燒殆盡」的現代社會，症狀出現在誰身上都不奇怪

讀到這裡，想必大家會開始在意「燃燒殆盡症候群」更容易發生在哪種職業、性格、資質的人身上。

直到一九七〇至一九八〇年代，人們才開始注意到燃燒殆盡症候群，**這種現象往往出現在醫生、護理師、護士等醫事人員，或是教師、保姆、戒護人員等援助別人的職業**。

所謂援助別人的職業，往往需要直接面對受援助對象的情感與情緒，沒有「做到這份上差不多完成了」這回事，不管有多疲勞，工作結束與否都是取決於對方，有著一不留神就過勞的可能。

另一方面，人無法控制他人的情感，不可能回應對方的每個請求，這份

無力感會導致自信心喪失，壓力排山倒海而來，讓火焰燃燒殆盡。

容易發生心理障礙的人通常也具有「認真」、「一板正經」、「愛逞強」等特質。

所謂的「認真」**指的是責任感強的完美主義者**。不論大小事都全力以赴，將身心完全投入，無法拒絕他人的請求，如果事情沒有完全處於掌握之下，就會產生壓力，特別容易將自己燃燒殆盡。

而「一板正經」則是**指對於不合情理、違背常理的事情特別敏感的人**。這種人無法容忍別人說：「應該沒那麼嚴重吧？」這種一副無所謂的樣子，尤其像是「遲到之後找藉口」這種狀況。身處在新冠疫情之中，有些被稱為**「自肅警察」**的人會要求他人不要進行無謂的外出，對社會上不守規矩的事情抱持質疑與憤怒，卻也造成自己內心的消耗。

最後是「愛逞強」的人，**這種人是就算問他「沒事吧？」他也會回答「沒問題。」的類型**。

這種人到了下班時間會留著不走，跑去問還在忙的人需不需要幫助，擁有強烈的同理心與纖細的情感，比起自己更在意他人的感受，最後把自己累垮。

與職業、個性、資質無關，誰都可能會燃燒殆盡

與人的職業、個性、資質無關，其實每個人都有燃燒殆盡的風險。以職業來說，不只是援助他人的職業，各行各業都出現過罹患燃燒殆盡症候群的人。而更多時候會出現讓人意想不到的情況：「竟然連那個人也會這樣？」性格可靠、資質聰穎的人也有燃燒殆盡的時候。

不論職業、身分、年齡、性別、性格，只要火種、薪柴、環境的平衡被打破了，都有可能成為下一個「燃燒殆盡先生」。

尤其是現在社會急遽變遷，**我感覺比起過往，有越來越多的人陷入燃燒殆盡症候群**。

在這個燃燒殆盡症候群不斷出現的社會背景下，我試著用以下因素進行說明：

- **情報過多**
- **交流過多**
- **僱傭型態與價值觀的變化**
- **努力卻得不到回報的剝奪感**

「情報過量」會導致疲勞累積

隨著網際網路的普及，只要手邊有一台電腦或智慧型手機，誰都能在任意時間地點接收來自全世界的龐大情報。不論是查找工作還是搜尋美食餐廳，只要動動手指就能檢索到大量的資訊，真的是非常方便。不過換個角度想，要從這麼多情報中找到自己想要的，也需要強大的篩選能力。

這個「篩選」的動作，其實就會消耗我們的能量。透過網路接觸社會上的大量資訊、不斷面臨抉擇的商務人士，更會在無形間累積許多疲勞。

更何況，在這些大量的情報中有許多錯誤與偏頗的資訊，人們很容易受到影響，而產生脫離社會的偏差想法，從而對生活感到痛苦。

「交流過多」使感情磨損

近年來，人們溝通的方式產生巨大的改變，網路以電子郵件、社群網站等各種層面，涵蓋了我們包括工作在內的大多數交流。

如此一來，人與人之間的交流，是建立在彼此互相評價，希望滿足或打動對方的基礎上，這導致我們變得像是為了得到情感而進行勞動，面對無法控制的他人感情，開始產生壓力。

社群網站讓我們必須不斷回應形形色色的各種人，使身心疲於奔命，失去了回應自己的時間。

「僱傭型態與價值觀的改變」讓不滿膨脹

至今以來日本信奉終身僱傭與年功序列制，待遇與年齡成正相關成長，只要順從上司的指示當個乖寶寶，就能安穩度日。

但現在因為經濟不景氣，終身僱傭與退休金的保障變得不再安全，人們開始失去工作的動力。

社群網站的普及與全球化，讓人們看見各種不同的聲音，即使保持尊重，也可能會因為價值觀的差異而遭致誤解、批評，不論什麼年紀的人都有可能為同樣的原因陷入煩惱、產生壓力。

「努力卻得不到回報的剝奪感」讓人失去動力

許多人相信「天道酬勤」這句話，才能在面對困難與挑戰時努力不懈，如果不斷努力結果卻「得不到回報」，內心就會受到挫折。

與之前所提的論點有點關聯，日本的經濟飛躍曾經成長，景氣一片看好，許多人辛勤工作，順利買屋成家，人生一帆風順。

但如今景氣不好，**「努力會得到回報」這句話變得不再可靠**。如果說在薪水沒有增加的情況下，看見網路上有人炫耀幸福的生活，追求對自己而言遙不可及的夢想與理想，無法實現的夢就會讓人感受到人生的缺陷，消耗身心的能量，讓人燃燒殆盡。

用俯瞰的角度觀察日本社會，**會發現不管是誰得到燃燒殆盡症候群都不是不可思議的事**。

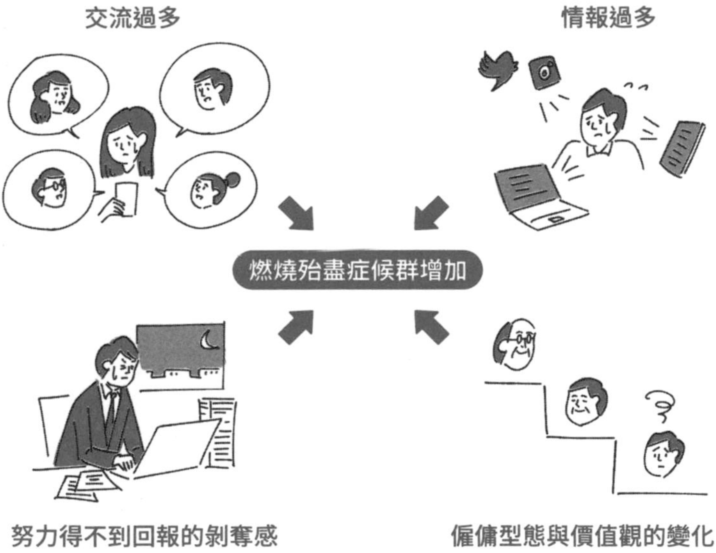
交流過多
情報過多
燃燒殆盡症候群增加
努力得不到回報的剝奪感
僱傭型態與價值觀的變化

就連身為醫生的我，都發生過兩次「燃燒殆盡」

讓我寫下這一本書的契機，是源於我自身過往的相關經驗，**我至今為止的人生就發生過兩次的燃燒殆盡**。

在最需要燃燒的時候卻無法燃燒，抑或是燃燒之後只剩下灰燼，這些狀況都是要經歷過才能夠了解。在錯誤中摸索學習，拚死尋找再次爬起來的方法，對我從事產業醫生這一行來說，是很寶貴的經驗。

就讓我在這裡分享一下我的經驗吧。

在大學考試前，沒想到會無法燃燒

第一次的燃燒殆盡，**是發生在我高三面臨大學考試的時候**。

高三時的我，曾經差一點無法畢業，並不是因為發生了什麼大事。我當時是就讀住宿制的完全中學，從高一就開始一個人住的生活，畢竟從家裡到學校路實在是太長太長了。

或許是因為青春期萌生的反抗心，我覺得搭火車通勤實在太沒格調了，我想當一個順心而為的人，但從現實來看，那時的我不過就是個成績不好，快要脫隊的不良學生罷了。

考試逼近的秋天，「差不多該開始努力了吧？」我如此想著，**但我一坐上書桌，卻不到三十分鐘就會開始打瞌睡，根本沒辦法集中注意力念書**。

這種情況讓我大感意外，在開始準備考試前，我總覺得自己應該很快就能跟上進度，結果還是老樣子，作息亂七八糟，該努力的時候卻根本提不起勁。

想當然耳，大學考得一塌糊塗，淪落成為一個落榜生成為落榜生的我選擇蝸居在家裡，雖然有進入重考班這個選項，但我覺得只花一年的時間，就要達到合格的水平實在太難了，應該需要更充足的時間來規劃才有把握。

我無法認真準備考試的原因，源自於「找不到努力的理由」，就像前面舉例的C小姐一樣，**「沒有火種而無法燃燒」**，所以要先找到努力的理由，才能確定自己的目標，如此一來進入重考班才有意義。

成為蝸居浪人的我利用休息的時間審視自我，尋找努力的理由。自己嚮往的究竟是怎麼樣的人生道路？我第一時間想到的就是「醫生」這個家族事業，果然我內心最想做的就是幫助他人。

同時我也在思考，要如何活得比別人更加快樂，經過思索之後，我從此將**「為了想做的事情而努力」**奉為圭臬，拜此所賜，我感到豁然開朗，這個想法也成為我接下來一年間成績突飛猛進的火種，助我在隔年春天順利考上醫學院。

練就泰拳使我找回燃燒的動力

找到夢想與使命的我，在就讀醫學院時與泰拳結緣，經過一番修練，我在大學五年級的時候成為了泰拳高手。

在泰拳的世界裡，只要贏得業餘的全國大賽冠軍，就能被認證為職業選手。原本只想在生涯中努力嘗試一次看看，想不到竟然能夠實現夢想，讓我又驚又喜。

隔年在醫學院六年級時，我一邊念醫學院，同時也在十二月的泰拳職業淘汰賽中得到亞軍，拿到了令人滿意的成績。

這一切彷彿是將我在落榜生時代尋獲的火種變成了熊熊燃燒的烈焰。

但問題就出現在這裡，醫學院六年級的年末，距離醫生資格檢定考試只剩下兩個月，與泰拳大賽的時間點重疊，**我原本打算比賽結束後全心投入考試的準備之中，但事與願違，體力透支的我幾乎沒辦法學習**，再一次陷入了燃燒殆盡之中。

其實當初考完大學入學考試時，我也是一樣在達成目標後身心俱疲，「燃燒殆盡」了一陣子，但這次卻沒有恢復的餘裕。

雖然這次「努力的理由」還在，所以還維持著火種，但短時間內想要讓火勢變大難度實在有點太高了。

這時候提供給我力量的，是醫學部的友人們。在他們的鞭策與鼓勵之下，總算把我拉回準備考試的狀態之中，我慢慢把讀書的感覺找回來，有驚無險地通過了考試。託他們的福，我才能夠穩穩腳踏泰拳選手與醫生這兩條船。

朋友這個影響「環境」的重要因素，也是擺脫燃燒殆盡困境的良方。

從燃燒殆盡中恢復的方法與預防法

有了這兩次的經驗與教訓，我便不再輕易地陷入燃燒殆盡之中了。

因為曾經失去火種與燃燒過頭，導致自己燃燒殆盡，我不斷思考，**該如何讓自己從燃燒殆盡的狀態中盡速恢復，以及如何避免這樣的窘境再發生。最後得到的實踐方式就是：尋找能夠維持平衡的燃燒方式。**

因此下一章開始，我將會從自己的經驗出發，介紹燃燒殆盡的預防法與對策，身兼產業醫生以及泰拳教練身分的我，是如何指導公司職員以及運動員。

從現在開始，陷入疲憊、燃燒殆盡的人可以安心了。

即便燃燒殆盡也不怕灰心喪志，**只要你依然保有內心的火種**，配合第二章的內容循序漸進，就能再一次取回「發光發熱的自己」！

column 1

預防容易帶來燃燒殆盡症候群的「五月病」、「六月病」

四月是一個年度的開始，黃金週假日結束以後，很容易發生「五月病」[2]，為倦怠感、疲勞感、頭痛、食慾不振、失眠等所苦的人，往往因為心情的低落而無法回到工作之中。

不論是五月病還是六月病[3]，都來自於新年度所產生的環境變化，因為適應不良導致身心不協調，成為「燃燒殆盡」的因子，放著不管的話，會有惡化成「憂鬱症」的危險。

隨著季節變遷，自律神經很容易被打亂作息，為了照顧自己承受勞動壓力與季節變遷的身心，先留意自律神經的狀態吧！

為了讓環境與生活調整成適合自己身心的狀態，請務必重視「燃燒殆盡」

的對策。

防範五月病與六月病的四個要點：

1 放鬆的泡個澡吧

我推薦四十度的水溫，這有助於自律神經的放鬆。**就寢前泡半個小時到一個小時，在體溫上升結束後，開始下降時入睡，**建立起入浴～睡眠的規律習慣，將自律神經的狀態切換固定下來。

2 多出汗

在涼爽的日子裡挑選氣溫較高的時候，這是適合身體出汗的好時機，熱對身體有益，幫助養成每天流汗的習慣。至於平常就有在運動與健身的人，

2 日本每年四月底五月初會有黃金週假期，假期結束後恢復上班作息導致不想工作的心情即為五月病，類似星期一症候群。

3 六月病是季節交替導致人體內分泌紊亂，進而影響心情的疾病，又稱季節性懶惰症候群。

只要保持原本的習慣就好。

而沒有運動習慣的人，想用泡澡來達成「流汗」的目的也是可行的辦法，但要注意多補充水分，不要不小心脫水哦！

3 多曬太陽

梅雨時節，許多人不喜歡出門，如果要進行心靈的保養，**建議在午前的時間點，花五到十五分鐘的時間曬曬太陽，有助於分泌安定精神的血清素，**就算是陰天或雨天，走出戶外一樣能夠獲得相較於室內數倍的日照。

同時，血清素是眼睛接受日照後分泌的，**就算不適合外出也請看看窗外，**多少能夠達到一定程度的效果。

4 保持運動量，維持生活的規律

睡眠時間變化、運動量不足與減少外出是產生心理問題的主因。**一天的**

步數低於四千步的時候，產生心理問題的危險性就會提高，睡眠時間低於六小時或高於九小時，經研究證實也會對心理產生負面影響，最好讓自己每天控制在七到八小時的睡眠時間。

因為新冠疫情導致居家上班的人變多，但請盡量保持規律生活，居家生活也是能夠有足夠的活動量的。

第2章

燃燒殆盡的時候，先把「篝火」整頓好

燃燒殆盡的話，先把「篝火」架起來吧！

當你開始感覺累到不想去公司、好想辭職，失去繼續工作的氣力與體力時——

這種因為燃燒殆盡，身心開始發生變化時，首先要做的就是**「打起精神來」**。

反過來說，這時候也要注意不能夠有「我到底在搞什麼？」、「我根本派不上用場……」、「如果不更努力的話是不行的！」等無謂消耗自己的想法。

這種論調乍看之下會讓人覺得「這不是理所當然的嗎？」**但做不到的人遠比你所想像的還多得多。**

找到問題的原因並將其解決，希望能夠早日脫離苦海，是每個人都冀望的事情，但要靠自己一個人的思考與行動來擺脫龐大的壓力並不容易，而一直維持在燃燒殆盡的狀態下，繼續勉強自己，伴隨而來的就是憂鬱症等心理疾病。

面對疾病與身心狀況異常時，請以**治療↓預防**的順序來進行思考。

舉例來說，感冒發燒到三十八度時，引起感冒的原因是平常生活不健康所導致，但不可能讓發燒的人開始進行慢跑等運動吧？首先應該安靜療養直到退燒，恢復精神後再來考慮如何避免再次感冒、改善生活習慣。

同樣的，**當燃燒殆盡使身心變得虛弱時，應該先想辦法回到健康的狀態，**在這之後才是思考如何避免自己二度燃燒殆盡。

燃燒殆盡的時候，**首先要做的是整頓好燃燒的基礎，就是篝火（自己的身與心）**，忽略這一點是不可能讓自己順利恢復健康的，慎重選擇正確的道路才是明智的做法。

「好好休息」也是才能的一種

要治癒燃燒殆盡症候群所帶來的心理不適有固定的程序，分別是以下四個步驟：

- **步驟❶：安全生活**
- **步驟❷：日常生活**
- **步驟❸：社會生活**
- **步驟❹：健全生活**

第一步的安全生活，就是讓身心好好休息。

正在工作的人，善用自己的有薪假吧！有薪假是勞工的權利，身心不適的狀態下是無法好好工作的，既然不舒服就應該善用休假來進行療養，若是請一個禮拜的假太過勉強，可以嘗試配合週末湊足三到四天的假期。

當這樣也無法恢復健康時，就必須考慮進行一到兩個月的休職了，把握身心治療的期間進行一次徹底的休息。

這裡要注意的是，**燃燒殆盡先生們當中有許多人「不擅長休息」**，身為產業醫生的我每當建議他們「身心俱疲時請好好休息」時，常常聽到像「但是……」「就算你這樣說……也沒辦法啊」等回答，抱持這種心態是沒有辦法好好恢復的。

明明身心都已經出問題了，卻還是心心念念想著自己的工作，害怕給上司以及身邊的人帶來麻煩而不敢休息，抱持這種心態不斷逞強，最後造成症狀惡化的例子屢見不鮮。

我認為「好好休息」也是現代的社會人所必須具備的能力之一。

當不只產業醫生，連上司及同事都建議你「該休息一下了」的時候，就代表周圍的人都察覺你不對勁了，這份擔心正是出問題的確鑿證據，聽從建議，感受身心狀況的異常，老實地承認「你說得對」並好好休息，才能盡快從燃燒殆盡中恢復。

在進行安全的生活休養之後，就可以進入日常生活的階段。家不只是睡覺的地方，做家事以及培養興趣等自己想做的事情也是重點之一。

度過了日常生活，接著就是**社會生活**了。對於有在工作的人來說，復歸職場就是社會生活的表現，從通勤以及少量的工作開始，慢慢找回工作的狀態吧。

完成這個階段，就**掌握了燃燒殆盡的預防法。再來就是讓火焰順利燃燒的「健全生活」**，照著前面所說的，保持火種、薪柴、環境等因素來加以實現。

要從燃燒殆盡後重新站起，**照著順序進行這四個步驟相當重要**，接下來我將對實踐方法進行詳細的介紹。

直到燃燒殆盡恢復的四個步驟
四個時期所相應的準備

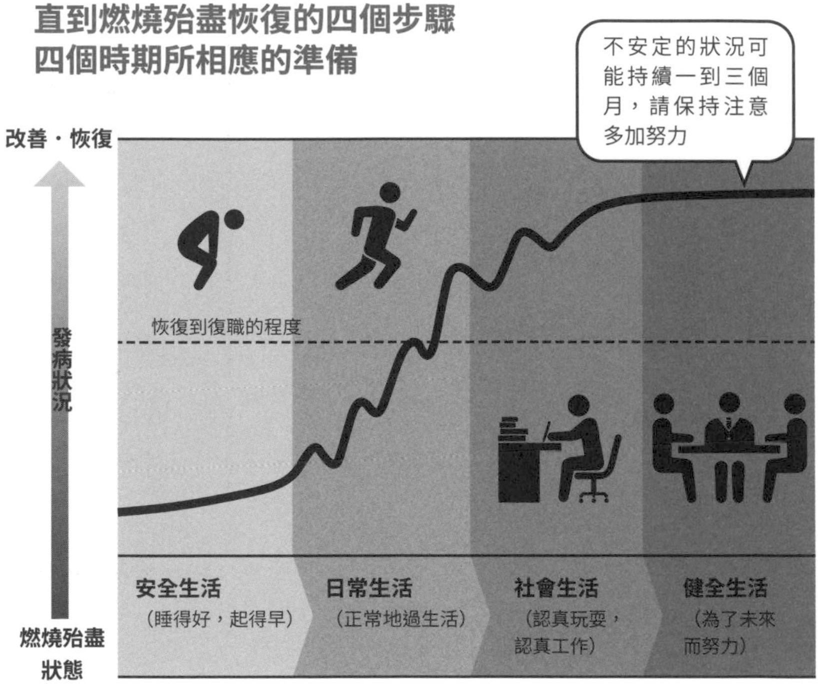

步驟❶ 安全生活
「睡得好，起得早」

安全生活的目標就是擺脫身心的痛苦，讓自己在放鬆、安心的狀態下進行休息。

用具體的關鍵字來形容這種生活，就是**「睡得好，起得早」**。

讓我們**從充足的睡眠開始**，剛開始沒辦法順利入眠也沒關係，一般睡眠不足的人都累積了許多「睡眠債」，第一個目標就是找回正常的睡眠時間。

睡太多也會導致身體不舒服，七到八小時是最剛好的長度，務必要讓疲憊的身心得到休息。實際上長期失眠的人，與一般人相比，罹患憂鬱症的機率高了四十倍以上，確保睡眠的時間非常重要。

睡眠的品質也要多加留意。

為了睡得好，良好的環境是不可或缺的。減少光源以及聲音的刺激，昏暗的空間才能進行熟睡，睡前的一個小時就要脫離帶有刺激的環境，安穩的睡眠環境是需要下工夫去營造的，手機的藍光也會對睡眠造成妨害，訊息通知也很擾人，**睡覺前把手機放到別的地方**才是最佳解答。

不只要「睡得好」，**「起得早」**也很重要。

晚上睡得安穩，早上也能順利起床才是健康的表現，有許多人對於起床感到痛苦，起床後還能保持活力是適應社會生活的重要指標。

早上爬不起來、賴在床上的人是不能被稱作健康的。

為了培養「起得早」的習慣，可以試著一週內安排三到四天，**讓自己在設定好的時間起床，順便來一場晨浴**。

晨浴能夠調整生理時鐘，固定起床與睡眠的規律，起床時不妨打開窗戶，讓自己沐浴在陽光下，呼吸十五分鐘的新鮮空氣吧。

不只是身體休息，「內心也要跟著休息」

輕度的燃燒殆盡症候群在經過數天的充足睡眠後，會顯著地感覺到狀況改善。

如果連續數天都無法睡得安穩，早上也爬不起來，這表示你的心在無意間維持緊繃，**才會完全沒有辦法休息**。

夜深人靜時躺在床上，腦袋仍在嗡嗡作響，想著「工作上的那件事，沒問題嗎？」、「信箱裡有信件嗎？好不安啊。」、「我這次放假，會不會被人說閒話呢？」等等煩惱，各種事情停不下來，這種狀態非常危險。

這種「煩惱」距離升級成「疾病」只差臨門一腳。

持續的緊繃與不安會一直刺激交感神經，讓人想休息卻無法休息，變成嚴重的失眠。

在煩惱不斷在腦袋中打轉的時候，**建議刻意營造腦袋放空的時間**，看個動畫或影集也無妨，甚至玩遊戲也好，只要不要是線上遊戲這種需要高度集中力的類型就行，在不造成疲勞的情況下慢慢安定心神。

其他還有動手做道簡單的料理，或是照顧動植物也是不錯的方法，盡量保持放空的狀態。

試著緩和內心的緊繃，直到就寢後不再陷入無謂的煩惱，等到能在夜晚安心地入睡，早上俐落的起床之後，就完成安全生活這一階段了。

步驟❷ 日常生活
「正常地過生活」

日常生活的要點，就是起床後梳洗打扮、正常飲食、出門買生活必需品等**「正常地過生活」**。

燃燒殆盡後氣力、體力陷入衰弱的人不但飯會吃不好，儀容缺乏梳理變得一團糟，連續好幾天的生活變得亂七八糟。進行安全生活的步驟後，就可以不再一整天窩在床上呼呼大睡，邁入日常生活的階段。

這個階段要注意的就是，**平常該做什麼就做什麼**。

首先是回到燃燒殆盡前身心健康的日子，**找回「悠閒放假」的感覺**。包括把之前沒做的家事做好，採買必要的用品，增加與朋友間的交流。

把除了工作以外，該做的事與想做的事一件件完成，切記以不要勉強自己為原則。

分散注意力在有益的地方上

日常生活除了飲食等作息外，**基本上就是做自己有興趣的事**。

「做有興趣的事」說起來簡單，但會燃燒殆盡的人大多因為長期工作，已經習慣於犧牲自己的時間，即使給他休息的環境與時間，也會陷入「不知道該做什麼」、「無事可做」的困境中。

這種時候就請在放鬆的狀態下，尋找任何能引起興趣的事情來做吧。

如果因為太忙而沒時間看電影，那就去看場電影，附近有漂亮的咖啡廳，就去喝杯茶或咖啡。如果是像我一樣愛好運動的人，就在力所能及的範圍內好好地動一動。

當然，就算是興趣也有幾點需要注意。

第一就是避免酗酒，就算再怎麼喜歡喝酒，飲酒過量會對身體造成負擔，有許多因為新冠疫情居家工作的人，都習慣靠酒精來減輕壓力，這反而造成反效果。為了身心健康著想，請找出喝酒以外的興趣。

第二個要注意的是，**社群網站的使用**。

不少人有「透過手機確認最新的消息與新聞」或是「看到喜歡的偶像發動態就感覺被治癒了」之類的情況。

但過度使用手機會導致情報過多以及交流過多，形成對精神的負擔。

如果感覺到疲累，**就主動先遠離手機一陣子**吧。

身心是會隨狀況起伏不定的

在燃燒殆盡症候群的重症案例中，有些人花費了不少的時間才回到日常生活中，昨天還能早睡早起，充滿活力的度過一天，今天就變回賴床的死樣子，這種情況並不少見。這是因為身心狀況是起伏不定的。

這種時候千萬不能陷入「這是我做不到的事情」或是「我果然是個廢物」

等負面想法裡，**就算今天搞砸了，也不要責怪自己，盡量把眼光放在「沒有搞砸的日子變多了」這件事上**。

各個階段所需的時間因人而異，平日保持充足的活動力，晚上到早上的睡眠合乎規律，像這樣的生活，就是「日常生活」這個階段正在順利進行的證據。

步驟❸ 社會生活

「認真玩耍，認真工作」

日常生活逐漸安定之後，就可以進行社會生活的準備。對於有在工作的社會人來說，也等於是在做回歸職場的準備。

回歸社會的時候，先在起床後好好盥洗，直到下班前都維持正常的工作表現是第一要務。

此時有些人會想東想西，但注意不要出現「因為休養給周遭的人添麻煩了，不拿出十二分幹勁的話……」或「要把之前欠下的還清」等念頭，因為在意周圍的眼光，開始演起內心的小劇場，這種多餘的壓力只會讓你更難回歸職場而已。

只要能準時上下班，**好好完成分內的工作就已經「充分合格」了**。

回歸職場時，**有意識地將工作量及速度控制在安全範圍，按部就班地慢慢提高負荷**，工作時多花一點時間深思熟慮，讓身心有一些喘息的空間。

焦急、絕對、不行！

燃燒殆盡的人要康復，少則數週，多則長達數月，慢慢讓自己的腳步跟上工作的速度，當然過分慎重而不斷減少工作量也不太好，要慢慢增加身上的負荷，直到變回「以前的自己」。

保持在假日有遊玩餘力的「健全狀態」

何時該將工作量以及速度恢復以前的程度是有所標準的。那個標準就是**「放假時還有玩的力氣」**。

回歸職場後，平日準時上下班，週末卻累得呼呼大睡，這種狀態是稱不上健康的。

如果維持社會生活就會把體力消耗殆盡，那就要確保自己有充分的休息、攝取足夠的營養與適度的運動，優先讓自己能恢復體力是必要的。

同時，一直處在「放假時三不五時煩惱工作的事情，根本靜不下來。」也是很不健康的，持續這種精神上的緊繃，恐怕很快又會變回燃燒殆盡的狀態。

保持平日的工作作息，假日時**留有「太棒了！假日耶！我要大玩特玩！」的體力與心情**，才能稱作狀態回復。能夠做到這種程度，才代表回到以前工作量的時機真的到來了。

平時不需要逞強就能完成工作，假日能夠盡情的玩樂，能做到兩者兼具，就表示你也通過第三階段的社會生活了。

休職的時候，用「生活紀錄表」保持規律

燃燒殆盡後變得心裡不適，開始進行為期一到數個月的休職，直到復職前，還有一些事情有必要提醒你。

日常生活安定後，接下來該做的，就是回歸職場的準備。

復職準備的第一步，**就是讓工作與生活作息變得規律**，具體的做法為：起床時間與上班時間一致，白天保持在外活動，晚上準時回家，將這個生活模式持續一至二週。

規律的生活有助於我們進行確認與紀錄，建立**「生活紀錄表」**，產業醫生對於休職人員都會提出這樣的指示。

這份生活紀錄表可以用來確認「自己能否在上班時間準時起床準備」及「自己有沒有足夠的體力與氣力應付活動一天的消耗量」，讓自己的復職準備更進一步。

生活紀錄表的形式並不固定，可以依喜好從網路上找到屬意的格式，不只要記錄自己做了哪些事，當時的心情與身體狀況也要一併寫下來。

順帶一提，從生活紀錄表的書寫方式，也能看出當事人心理狀況是否有問題。

不只是睡眠時間與外出時間，把醒著的時候做的事情，鉅細靡遺長篇大論寫下來的人也要特別小心。

很多人在工作上表現十分優秀，但連生活紀錄表都過於認真記錄，無形之中也會給自己壓力，苛責自己「我只能做到這樣的事情」的人也不在少數。

對於休職中的人來說，讓過度消耗的身心得到充分的休息，才是最重要的「工作」。

維持數日的戶外活動之餘，培養出自己的興趣才能達到平衡。

雖然生活紀錄表是要拿給產業醫生看的東西，但**沒有「不好好寫就沒臉見人了」這種事情**，重點是真實記錄自己的身心狀況，將「大剌剌的寫重點就好」當作紀錄方針，反而更不會綁手綁腳。

生活紀錄表範例

生活紀錄表

作業員編號		姓名		日期	年　月　日～　月　日

	4	5	6	7	8	9	10	11	12	13	14	15	16	17	18	19	20	21	22	23	0	1	2	3	心情	活動度	心得
星期一																									😖😟🙁😐🙂😀		
星期二																									😖😟🙁😐🙂😀		
星期三																									😖😟🙁😐🙂😀		
星期四																									😖😟🙁😐🙂😀		
星期五																									😖😟🙁😐🙂😀		
星期六																									😖😟🙁😐🙂😀		
星期日																									😖😟🙁😐🙂😀		

	4	5	6	7	8	9	10	11	12	13	14	15	16	17	18	19	20	21	22	23	0	1	2	3	心情	活動度	心得
星期一																									😖😟🙁😐🙂😀		
星期二																									😖😟🙁😐🙂😀		
星期三																									😖😟🙁😐🙂😀		
星期四																									😖😟🙁😐🙂😀		
星期五																									😖😟🙁😐🙂😀		
星期六																									😖😟🙁😐🙂😀		
星期日																									😖😟🙁😐🙂😀		
範例					★用餐		散步 ←→		★用餐		午休			購物 ←→		看電視	★用餐	看電視		★					😖😟🙁😐(🙂)😀	4	

※ 睡眠時間（顏色標註）、外出（←→標註）、服藥（★標註），其他事情不用寫得很詳細

※ 活動度分成 1~7（1. 提不起勁，只想窩在家裡 2. 在家中能夠比較悠閒自在 3. 能夠正常地完成家事 4. 能夠短時間外出，但會帶來疲勞 5. 能夠每天維持短時間外出 6. 能夠正常地待在任何地方，並能開始面對課題 7. 能夠正常地待在任何地方，並集中精神解決課題）

做好職場心理諮商，邊復健邊準備復職

當你能做到讓生活作息與上班時一致之後，就能找產業醫生與上司商量，尋求下一步指示，為回歸職場做準備。

對於長期休職的人來說，搭乘擁擠的電車通勤其實是一件負擔很大的事情。為此在復職日到來之前，需要進行為期數天到一週的**「通勤訓練」**。起床後梳妝打扮，乘上電車或開車，在上班時間前抵達公司，之後到附近的圖書館或是咖啡廳閱讀與工作相關的書籍，或是進行短時間的筆電作業，最後在下班時間準時回家，像這樣的訓練。

如果發現自己沒辦法做到搭電車這件事，或是一看到公司就覺得噁心，開始產生壓力症狀的時候，就只能延長休養的時間，推遲復職。

某位男性職員在進行為期兩週的通勤訓練期間，最初的幾天一到公司後，隨即就跑去電影院放鬆，後來逐漸找回通勤的自信，轉而去圖書館充實自己，這也是不錯的做法。這位職員最終成功通過資格考試，平安回歸職場。

回歸職場之後，**還是要繼續進行一段時間的「復健」**。

復職後不只是職場與業務內容，上班時間等影響負荷的因素都需要減少，

按部就班地慢慢提升回以前的水準，直到能夠正常工作後才能安心。

當你做到「認真玩耍，認真工作」後，恭喜你，成功通關！

步驟❹ 健全生活

「為了未來而努力」

順利通過社會生活的階段後，最後就是進入健全生活的階段。別小看這個階段，它可不是安穩的生活與工作這麼簡單而已。將慾望與希望，結合有價值的工作乘載於人生上，為了未來而奮鬥，這個階段的目的就是要創造「發光發熱」的自己。

具體的方法會在第三與第四章介紹，這裡先簡單提幾個重點。

「發光發熱狀態」的製造要點

❶ 想將「火種」變大
❷ 成為添加「薪柴」的高手
❸ 建立讓燃燒順利進行的「環境」

掌握這三個要點，量力而為，讓自己適才適所，那麼不管是誰都能夠做到全力以赴。

如果是「燃燒過頭型」的話，就調整②的添柴方式以及③的環境整頓。

如果是「燃燒不完全型」的話，就請尋找①屬於自己的火種。

燃燒殆盡不是終點，而是起點，將這份經驗化作食糧，開拓出屬於自己的人生吧！

column 2

燃燒殆盡？憂鬱症？讓人無法忽視的「適應障礙」

偶像與演員因為「適應障礙」而休業的新聞時有耳聞，不過「適應障礙」似乎是一個距離我們生活十分遙遠的詞彙。但要注意的是，這是產業保健領域，作為疾病判斷依據的重要指標之一，並不是什麼罕見的事情，隨時都有可能發生在你我身上。

實際上，**約有2～8%的人患有「適應障礙」**，提到心理疾病，許多人第一時間想到的是「憂鬱症」，但適應障礙的病患人數並不亞於憂鬱症患者。與憂鬱症不同，憂鬱症是一種長期的慢性病，病因與症狀並不明顯，**適應障礙是針對特定壓力產生反應，具有明顯的心理疾病症狀**。

比如說，在職場上感到某種壓力產生症狀的人，回到家後就恢復正常的情況也不奇怪。

有些人接觸到特定壓力後會在三個月內發病，開始懷疑「我是不是有適應障礙？」，這時可以回想自己這三個月來產生了哪些變化。

發生適應障礙時，會對「精神」、「身體」、「行動」產生明顯的影響。

- 「精神」方面的障礙有：**「產生強烈的不安」**與**「莫名的心悸」**等
- 「身體」方面的障礙有：**「頭痛」**、**「腹痛」**、**「暈眩」**、**「疲勞感」**等
- 「行動」方面的障礙有：**「無法搭乘人多的電車」**及**「早上爬不起來」**等

除此之外，還有各式各樣的症狀，這些症狀會不會影響社會生活，就是醫生進行判斷的基準點。

發生這些症狀並且讓正常生活發生問題時，就要確認自己是不是產生了適應障礙，盡速到醫院就醫，或是找公司內的產業醫生諮商。

放任適應障礙的症狀不管，就會被逐漸堆積的壓力壓垮，陷入憂鬱狀態，最終演變成憂鬱症，這樣的例子並不少見。

發生適應障礙時，遠離壓力源之後基本還需要六個月以上的持續治療，如果惡化成憂鬱症的話就需要更多的時間，及早治療真的非常重要。

當被醫生診斷出適應障礙後，務必遵從主治醫生所指示的治療方針。總結來說，要注意的是：**①遠離壓力的來源②好好休息**，還有就是休養期間不要暴飲暴食或是打太多遊戲。

壓力來源如果存在於職場中，公司的做法除了讓員工多休息之外，**也要在可能的範圍內討論如何將員工調離造成壓力的原因**。

如果能夠及早治療，多數案例只需要花一到二週的休息就能夠恢復正常狀態，回歸職場。

第3章

為了再次燃燒，「火種」與「薪柴」是必要的

將你內心的「火種」變大吧！

當你找回身心元氣時，「好想做點什麼」、「我現在充滿幹勁」等想法就會開始湧現，但具體該做些什麼呢？

會煩惱這個問題的人，首先需要踏入壯大「火種」的第一步，那就是「尋找火種」。

所謂的「火種」，就是努力的理由與目標。

對「想努力卻提不起幹勁」的人來說，找出自己究竟是為何而戰是很重要的，這個目標必須非常明確，不能夾雜著迷惘與困惑，這樣才不會在壯大火種的時候，因為碰到一點小小的困難，就再次陷入燃燒殆盡的窘境之中。

努力的理由與目標能夠邏輯自洽也是非常重要的，兩者有所相關才能指引出具體且明確的道路，不會在努力到一半時突然迷失自我。

工作時一定會遇到難受或不順利的時候，輕輕鬆鬆就能賺到大把鈔票這種好事情，很遺憾地並不存在。

在職場遭遇巨大的失敗、不論多麼努力都得不到回報、對於上司的指示與職場的方針發自內心的不能接受，或是苦於一味被拖累，毫無幫助的人際關係……

或是綜上所述，除此之外的其他各種倒楣事，都是人生中會不斷遇到的。

但是，**對於「知道自己為何努力」的人來說，不管是痛苦或是不合理的事情，都不會讓他感到挫折或是燃燒殆盡**。

跨越眼前的困境，化悲憤為力量，就能護住內心的火種不斷前行。

為了順利燃燒，「名正言順」是必要的

人生是為了什麼而努力，會隨著不同的價值觀而得出不同的結論。

雖然有人會說：「工作就是為了養家餬口罷了。」但**理由這麼單純的人應該還是占少數吧**。

我試圖分析人類行為的根本動機，歸納出以下四個要素：

❶慾望

想要變得有錢、想從別人身上得到想要的東西、想要有異性緣、想出人頭地、想獲取名聲等等，透過物質上或社會上等各方面滿足自己。

❷理想

想要成長、實現夢想、成為一個對社會有用、對所屬的組織有所貢獻的人等等，想要實現希望與目標的類型。

❸信念

想幫助有困難的人、想端正風氣、想讓更多人臉上出現笑容、想讓人們彼此不再謾罵與口水戰等等，想踏上正確的道路。

❹恐懼

害怕被別人討厭、被當成笨蛋、成為失敗者、失去工作或地位等等，為了遠離這些恐懼的自我保護。（自卑感與精神創傷也屬於這個範疇）

以上這四個要素，都或多或少存在於每個人心中。

想要仕途順利之後賺大錢，或是得到社會上多數人的肯定等等，我們心中充滿著各種慾望。

慾望是強大的動力，也是動機的來源，擁有慾望絕對不是一件錯事。

但，**慾望太過強烈的話就要小心了**。

永無止境的慾望會讓我們在無法實現時帶來不滿與焦慮，徒增多餘的壓力。

同時慾望也反映了我們內心的自私與佔有慾，一不小心就會導致與他人的摩擦或衝突，進而引發問題帶來壓力。

這四個要素同時具備轉變成恐懼的可能性。

例如「失敗的話我該怎麼辦？」、「或許我已經成為過街老鼠，人人喊打了。」這一類的不安幾乎每個人都會碰到，甚至有些人就算一直處在成功的人生當中，卻依然被害怕失敗的陰影籠罩著，內心充滿壓力。

但這些也是促使我們成長的一部分要素，不是說因為恐懼是負面因子，我們就要將其捨棄，要注意的是我們不要被恐懼所局限，害怕他人眼光而畏首畏尾就好。

持續處在慾望與恐懼的漩渦之中，會因身心俱疲最終變得燃燒殆盡（燃燒不完全或無法燃燒）。

慾望、恐懼、理想、信念之間的平衡很重要

為了不讓自己的努力走向燃燒殆盡，取得以上四個要素的平衡點是很重要的，將其串連成一句話來說就是：**在不被①慾望與④恐懼壓倒的情況下，建立起自己的②理想與③信念**。

舉例來說：當被其他人拜託幫忙時，被慾望（想得到回報）與恐懼（害怕搞砸）影響的人，就容易陷入「為什麼要找我？」或「我不想浪費自己的時間」的想法，變得焦慮而感受到壓力。

相對的，想要「為他人盡一份心力」的人，就會憑著理想與信念毫不猶豫答應。

在職場上打拚的人也是，**如果只想著「讓自己的努力被人看見」**，很容易因為被忽視而不滿，導致失去對工作的熱忱。

也就是說，真正想成為「對社會有用的人」，是不會因為上司或公司沒有看見他的貢獻就感受到挫折，支撐他的動力來自於自身的理想。

在我的產業醫生諮商生涯裡，大多數努力工作的人都是為了得到正面的

評價，這當然不是什麼不好的事情，但期望落空時卻會折磨他們的內心。

對此我的建議是：**「不要在意評價，重要的是成果」**。

評價這種東西是非常主觀的，你無法控制他人的想法，因為努力不被看見而折騰自己，把上司與環境的因素化作自我苛責或怨天尤人，不論最後歸咎於自身或是他人，這種極端的想法既沒有幫助也徒增煩惱。

不過，成果是很難產生實感的，就算東西銷量很好，除非感受到「顧客的反應都很好」、「透過這次工作讓我成長了」、「這份經驗帶給我前進的動力」，有這些具體的回饋才能看見自己辛苦的結晶。

也就是說，**不要因為「評價」而感到渴望、恐懼，而是讓自己的成果建立在遠大的理想以及信念之上，別再為他人的評價而心情起起伏伏，如此一來火種就能變得安定**。

這樣就能使評價成果這件事變得單純。

這不是一件簡單的事情，但**只要內心保持這份努力，總有一天會成為「做正確的事情的人」**。

理想與信念不像慾望與恐懼，無法自然而然的產生，必須從過往努力的經驗得到回饋，並得到尊敬的人的肯定，才能成就。

我在這裡推薦一個方法：找一句中意的格言當作座右銘，並每天掛在嘴邊。不斷反覆直到自己不再輕易動搖，也就不會被錯誤的慾望以及恐懼左右自己的行為。

馬斯洛的「欲求五階段論」

美國學者亞伯拉罕．馬斯洛[4]曾說過：人類的欲求分為五個階段，分別是「生理欲求」、「安全欲求」、「社會欲求」、「承認欲求」、「自我實現欲求」等。

4 亞伯拉罕．馬斯洛（Abraham Harold Maslow），一九〇八年生，美國心理學家。

這幾個階段會形成金字塔形狀，當下層的欲求被滿足時，才會上升到另一個階段。

接下來我將簡單說明這五個欲求的性質：

❶生理欲求

人的求生本能是最基本的欲求，食慾、睡眠慾、排泄慾等都包含在內，直到這些生理上的需求被滿足時，才會開始思考安全欲求。

❷安全欲求

遠離危險，**尋求安全、安心**的欲求，為了讓身心的健康處在良好的環境組織家庭，如果不能的話，最低限度也需要遮風避雨的容身處。

❸社會欲求

融入社會、學校、家庭的欲求，希望找到所屬的集團與志同道合的夥伴，也能稱為歸屬欲求，當得不到滿足時，會有強烈的疏離感與孤獨感，造成心理上的不安定。

❹承認欲求

希望得到他人肯定、尊敬的欲求，

在職場上取得地位與出人頭地也屬於這個階段的一部分。同時承認欲求不只有得到他人的注目與稱讚——這種低層級的欲求，也有滿足自我反省與自我認識等高層級的欲求。

當這個階段得不到滿足時，會感到強烈的無力感與劣等感，與燃燒殆盡症候群息息相關。

❺自我實現欲求

成為基於價值觀與人生觀所構築

馬斯洛的欲求五階段論

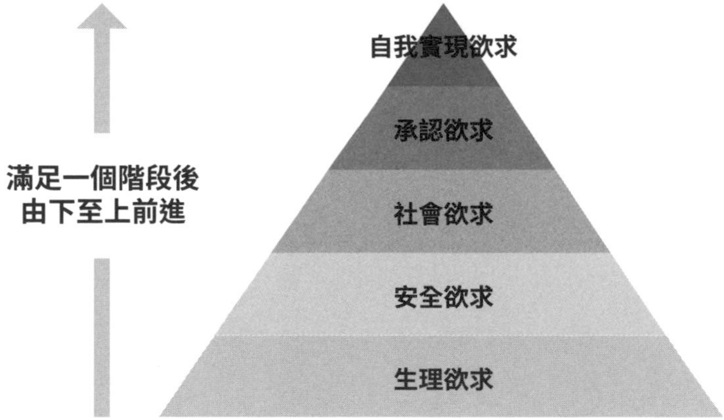

「理想中的自己」的欲求，人生照著自己的想法而活，盡己所能地完成每一個目標，懷抱著這樣的想法。這個階段比起在意他人的目光，更重要的是自己的成長與想法。

馬斯洛還提到：晚年時，除了這五個階段，還有在此之上的**「自我超越欲求」**階段，不再追求回報，而是埋首於完成自己的目標，**貢獻自我給組織與社會**。

回到「評價」與「成就」的話題，如果一直處在我先前提到的「慾望」與「恐懼」等狀態，你就會一直停留在追求他人與社會評價的低層級欲求，無法前進到後面的階段。

如果用宏觀的角度來看待自己的成果，就能將自我實現欲求昇華成自我超越欲求，抱持著信念與理想擴展自己的格局，取得平衡的燃燒方式。

發現「努力的理由」，從燃燒殆盡中復活的D先生

接下來我要介紹的是，來找我進行諮商，透過實踐馬斯洛欲求五階段論，從燃燒殆盡狀態中一鼓作氣滿血復活的D先生。

案例／三十歲出頭的男性D先生

D先生是能幹的年輕職員，從同輩中被特別拔擢，參與公司的重點項目。剛開始D先生滿腔熱血的投入工作中，但不過短短半年，就帶著一副愁眉不展的表情來找產業醫生諮商。

據本人說，雖然在同輩的職員中他的表現最為突出，但進入重點項目後，一直無法達到上司的要求與期待，也感到能力不如身邊的同事，開始失去自信心。上司有意讓他退出項目，D先生陷入是否該

繼續爭取的煩惱中。我判斷這是即將發生燃燒殆盡症候群的徵兆。

對此我向D先生介紹了馬洛斯的欲求五階段論，以及在此之上的最終階段「自我超越欲求」，讓D先生重新思考自己努力的理由。

「你追求的是提升你自己的評價，還是提出對顧客有益的產品（成果）？」我如此問道。

D先生在聽到問題之後，表情開始有了變化。

「原來如此，我真是感到羞愧，居然忘了最重要的事情。託您的福，我內心豁然開朗，真的非常感謝您。」D先生帶著判若兩人的樣子，充滿朝氣的回到了工作崗位上。

對D先生來說「火種就是為了正當的理由而努力」，只要讓他發現這一點，就能避開燃燒殆盡的狀況，再次重新站起。

各位或許也有燃燒殆盡，或是即將燃燒殆盡的經驗，這時不妨循著馬斯洛的欲求五階段論，配合慾望、理想、信念、恐懼等四個面向進行思考，找到自己努力的理由，就能得到重新振作的契機。

目標：「成為做自己的社會人」

找到屬於自己努力的理由之後，接下來就是**讓目標走上正軌**。

生存既是屬於個人的事，也屬於社會的事。為了社會犧牲奉獻自我是一件艱難的事，抱持這種自我犧牲的工作心態很容易就會燃燒殆盡，但工作不可能只為了賺錢，當中還背負著社會責任，不可能永遠都「只為了自己而活」。

綜上所述，**「成為做自己的社會人」就是理想中的終極目標**。

作為一個社會人，為了社會責任做出貢獻，同時保有做自己的餘裕，維持這種平衡就是這一章所要表達的具體目標。

當然這不是要你成為「為了世界奉獻自我的偉人」，而是要兼顧自由與責任，權利與義務，行走在中庸之道上，不製造問題也不讓自己產生壓力，讓自己能夠永續燃燒。

我平時在工作上全力以赴，但也能找到時間滿足自己的興趣，在這個原則之上才符合「做自己的社會人」的定義。

這是我在落榜生時期所學到的經驗，**「將想做的事情與必須做的事情結合」**是成功永遠不變的定律。

從「〇年後的目標」回推，建立百日計畫

為了成為做自己的社會人，現在就來設定「〇年後的目標」吧！

制定幾年後的目標，同時也是在想像**「〇年後的自己會成為什麼樣的人」**，請不必有所拘束，不管這個未來是三年後還是二十年後都沒問題。

但別忘了結合**慾望、理想、信念、恐懼四個要素，創造一到三個自己「理想中的姿態」**。

比如說，慾望方面可以寫下「收入多少、存款多少」或「結婚的對象」，信念方面寫下「成為一個對誰都很親切的人」等等，利用這四個要素建構出具體的形象作為目標。

確立目標之後，**就要訂下達成目標所需的計畫，以一百日為斷點**，從工作到睡眠、「想做的事」到「必須做的事」等等，分配好所需的時間，完成之後再制定下一個百日計畫。

例如「兩年後想應徵海外出差工作，讓英文能力變得更好」的人，可以在第一個百日計畫寫下「每天念書」、「每天完成TOEIC的一份考古題」等目標。

在第一個百日計畫結束後，檢討自己是否有遵守自己訂下的規則，距離目標還差多少努力等等，將百日計畫當成「百日挑戰」。

如果發生「執行率不如事前所預期」、「沒有想像中容易」等狀況，那就在下一個百日計畫中進行修正，**創造出「為自己量身定做」的目標是最高原則**。

如此反覆進行，透過努力就能夠不斷接近「理想中的自己」。

在進行百日計畫的基礎上，可以把每天記錄成**「自我對話日記」**。同時比起傳統寫在筆記本上的日記，**我推薦更方便的錄音形式**，錄下「今天是如何如何的一天」、「今天計畫進行得不順利，明天該如何調整」等等內容，如此一來就算每天都繁忙疲累，也能透過手機輕鬆完成日記。

雖然日記是每天都要記錄，但回顧可以一週進行一次即可，透過這種方式來再次確認目標，並對計畫做適度的調整與修正。

成為添加薪柴的高手

掌握老練的**「添柴」手法**，才能讓火焰不斷熊熊燃燒。

所謂的薪柴，**就是指為了保持火勢所需要的手法以及對於速度的分配**，只要弄錯一個環節，就有可能讓好不容易燃燒起來的火種變得燃燒不完全，或是火勢過於猛烈導致中途燃燒殆盡。

就如同露營時的篝火一般，為了不讓篝火熄滅需要正確的手法，這其實比你想像中還要困難。燃燒殆盡的人想要走出陰霾，不能只靠毅力，搭配適合自己的戰略，掌握添加薪柴的方法才是最重要的。

如何做才是正確的添柴「方法」、該添多少薪柴才夠的「計畫」以及結合兩者的「行動」，這是實踐理論的三個步驟。

剛開始或許會感到迷惘或是走錯路，但循著三個步驟前進，逐步修正，就能維持自己的步調成為一個做自己的社會人。

方法／區別「想做的事」、「該做的事」、「不該做的事」

首先來說添加薪柴的方法，要掌握好自己的力道與施力點。

我推薦**找出自己區分「想做的事」、「該做的事」以及「不該做的事」的標準**。

對於一個社會人來說，想做的事與該做的事多不勝數，工作上功成名就、聽喜歡的歌手的演唱會、取得工作需要的證照、假日與朋友出去玩等等，都包括在內。

列舉各式各樣想做與該做的事情，將每件事放上天秤逐一衡量，最後定下一日或一週行動的人應該佔大多數。

但會成為優先事項的，往往只能是該做的事，消耗了大多數的時間與能量後，就沒有做自己想做的事情的餘裕了。因此在**決定「想做的事」、「該做的事」、「不該做的事」時，最好各自挑選五項作為方針**。

「想做的事」既是自己喜歡做的事，**也是能提供自己元氣的事**，社會人往往被該做的事壓得喘不過氣，為了得到支撐自己往前的動力，必須要找到自己想做的事情。

工作與自我提升雖然很重要，「每個月泡一次溫泉」、「每週固定找時間到公園散步」等，這些讓自己活得像個人的行動也很不可或缺。

「該做的事」**除了一個社會人對於工作與家庭的責任與義務外**，維護自己身心健康的行為比如：休職的人不能把「遲到」當作理所當然、為了健康著想「自己動手做飯」、身為上司注重與部下的溝通「常常進行一對一的對話」，都在這個範疇內。

「不該做的事」聽起來像是在說不能做的事情，但**其實意思是指沒有價**

值的事情，例如午餐時特別挑選有「週一限定套餐的店」、熬夜上網看社群網站、白天睡過頭「不當夜貓子就渾身不對勁」之類的人。

不要在「不該做的事」上浪費力氣

找出「不該做的事」遠比我們想像的還要重要，如同前面所提到的，做出選擇本身就是一件耗費心神的行為，也就是說人一天所能下的判斷是有數量上限的。

像是「上班時該穿哪一件衣服呢？」，思考這個選擇的當下就已經在自我消耗了，美國的巨大ＩＴ企業蘋果前ＣＥＯ史帝夫·賈伯斯[5]的經典名言「上班穿黑領外套與牛仔褲就好了。」就是告訴我們不要浪費力氣在沒有意義的選擇上。

5 Steven Paul Jobs（1955-2011），美國發明家、企業家。

當然如果是對決定穿著打扮或是吃限定套餐樂在其中的人，那做喜歡的事情是沒有問題的。

如何定義「不該做的事」取決於需不需要花費心神做出決定，關鍵在把能量留給重要的事情上。

這裡舉出我個人「想做的事」、「該做的事」、「不該做的事」各五項給大家參考：

想做的事

❶ **每週運動兩天**
❷ **聽音樂**
❸ **吃美食**
❹ **每天睡足七小時**
❺ **每週最少一次找朋友聚會**

該做的事

1. 每週進行兩天以上的重量訓練
2. 每天最少讀一個小時書
3. 打掃房間
4. 中午休息時間小睡片刻
5. 每天的工作全力以赴

不該做的事

1. 工作挑輕鬆的做
2. 挑選吃飯的餐廳時猶豫不決
3. 偷懶不煮飯
4. 睡覺前想東想西
5. 成為小氣鬼

讓我簡單作個說明吧。

首先「想做的事」之中「每週運動兩天」是單純的興趣，「聽音樂」、「吃美食」、「睡覺」、「與朋友聚會」等則是發自內心的喜好，能夠讓我減輕工作與責任帶來的壓力，**不論生活多麼繁忙，都應該讓心情保有做這些快樂事情的餘裕**。

其次是「該做的事」，**負起自己的責任是讓行為正當化的必要之事**。「每週兩天進行重量訓練」與「想做的事」當中的運動有所關聯，提醒自己不要因為享受樂趣而忘記自我提升。作為職業格鬥家，運動是興趣之餘，同時也是刻苦的修練。

第二項的「讀書」對於很多社會人來說，或許無法直接對自己的目標產生明顯的幫助，**但讀書本來就是我們為了成長所必須的過程之一**，即使我已經通過醫生的資格考試，在知識日新月異的現在，也要為了新冠肺炎等未知的新事物進行學習。

第三項與第四項的「打掃房間」及「午睡」乍看之下無關痛癢，但如果連做這些事的餘裕都沒有，就代表我在時間分配上出了問題，所以不管多忙都必須要完成。

「對工作全力以赴」如同字面上的意思，**就是把眼前每一件事都盡力做好**。確定自己的目標後，專心處理好手頭的工作避免疏失，是現代社會人所必須具備的行為準則。

「不該做的事」的前三項，**對我來說是既不重要也不擅長做的事情，不想將力氣花在上面**。

第四項「睡覺前不要想東想西」，是因為睡眠品質非常重要，從鬧鐘的時間設定到盡量在自己的房間裡關燈入睡，都已經成為我養成的固定習慣。

不要「成為小氣鬼」，舉例來說的話，趕時間需要搭計程車時，如果為了一點小錢就猶豫不決只是徒增煩惱，我向來盡可能避免浪費時間在這種小事上，變成一個小氣鬼。

話說回來，我在思考以上「想做的事」、「該做的事」、「不該做的事」時，聽過一個很有道理的說法：

不重要的事情就跟大家一樣就好，
重要的事情要符合道德的規範，
藝術的事情要順從自己的內心。

小津安二郎[6]

做為在世界上有著極高成就的電影導演，同時也是絕代藝術家的小津安二郎說出：「不重要的事情跟大家一樣就好」我認為其實就是一種「省力」的行為，讓自己可以取得生活上的平衡。

如果只將事情區分為「想做的事」與「該做的事」的話，很快就會把自己給累垮，這種**「無所謂的事情，放輕鬆來做也很重要」**的說法可以為我們帶來更靈活的處世之道。

建立行事曆

再將五件「想做的事」、「該做的事」以及「不該做的事」決定好之後，就是依據訂定行事曆的時候。

以我為例，「每週運動兩天」轉換成實際行動，就是在每個週二及週五的晚上六點半出門打籃球。一旦決定就成為了既定事項，不管多忙都一定要做到。

產業醫生是提供援助的職業，常常會接觸到他人的壓力與煩惱，然而透過做自己喜歡的事，就能隨著時間淨化掉進入內心的雜質。

這一份行事曆也必須調整成跟**自己的心理狀態與生理時鐘契合的形式**。

6 小津安二郎（1903-1963），日本知名導演及編劇，代表作為《東京物語》。

在完成工作之後，當你覺得需要喘口氣，轉換心情的時候，就代表你需要做些什麼來降低工作帶給你的影響。

然而，現代社會人的生活模式各不相同，該休息到什麼程度會因每個人的狀況而異。

所以要掌握放鬆身心的時機點，要透過建立行事曆，分析自己的心理狀態及生理時鐘來做規劃適合自己的安排。

利用這份行事曆建立生活規律，久而久之就能讓身心狀況逐漸調整到平衡的模樣。

用簡單的話來說，**就是在火焰變小的時候，將「想做的事」變成薪柴添入，讓火焰順利燃燒**。

就像週一的開工日是許多人憂鬱的來源，就連我也不例外，但一想到「今天及明天努力過後，就可以去打最愛的籃球」，就能帶給週一的我滿滿幹勁。

適合每個人的頻率及模式都不相同，請依據你的工作及作息，將生活化作行事曆的建立基礎。

行動／動手實行，培養成習慣

依據想做的事、該做的事建立好行事曆之後，就是進入實踐的階段。

具體的做法是照著行事曆的規畫生活一到兩個月，培養成固定的習慣，這時會開始產生「我做得到」的自信心，這時就可以開始增加想做與該做的事的數量，讓生活變得更加積極。

但若發生「實行上有困難」或「太過勉強自己」的狀況，就需要馬上進行適宜的調整。

有一切順利的時候，當然也會有諸事不順的時候，這是每個人都會遇到的狀況。

五項想做與該做的事能夠全部達成不過是基本的A計畫，狀況不好只能做到三件事就是B計畫，實際的運作模式大概就像這樣。

安排適合自己的節奏與風格，細水長流是添加薪柴方法的核心精神。

強化二氧化碳濾淨機（壓力管理）

關於添加薪柴的方法，我還有想提供給你的意見，那就是**「提升二氧化碳濾淨機的性能吧！」**

這裡所說的二氧化碳，其實就是工作的人所產生的壓力，就算能建立火種搭配良好的添柴手法，還是會因為累積過多的二氧化碳（壓力）而導致供氧不足，讓火焰無法燃燒。

一般壓力來自於外在的因素，我將這些因素稱之為「刺激源」。

物理上的刺激源，比如寒暑與噪音；化學上的刺激源，比如環境污染與藥物；心理與社會上的刺激源，比如人際關係工作及家庭等問題，有許多種類。**我們現代人從日常生活中感受到的壓力非常多元，尤其是心理與社會層面。**

厚生勞動省在「平成二十九年的勞動安全衛生調查報告（現場調查）」中提到，最大的壓力源來自職場的人佔了58.3％，約六成的比例。

但正如每個人的壓力來源有所不同一般，每個人感受到的壓力程度也不一樣。

發生同樣的意外與狀況，有些人會產生巨大的壓力，但也有人不當一回事。

每個人對於壓力的敏感度不同，容易產生焦慮與不滿等二氧化碳的人，更會讓自己的燃燒受到影響。

其實工作之外，**做每件事都還是會伴隨著不同程度的壓力產生**，任何方法與環境都不可能把壓力歸零。

所以要讓燃燒安定的方法不是不產生壓力，而是準備好二氧化碳濾淨機，**找到應對壓力的方法才是正途**。

減少「五個不」

會讓我們產生壓力的來源可以歸納成「五個不」，即：

❶ 不協調
❷ 不愉快
❸ 不安
❹ 不滿
❺ 不幸

這幾個「不」會製造二氧化碳（壓力），讓火焰燃燒不順利，為了回到人平常該有的燃燒水平，要先減少這些造成麻煩的東西。

首先從最容易解決的「不協調」與「不愉快」開始。

生理方面的不協調如睡眠不足與身體不舒服大多數時候能夠透過改善生活作息來得到治療。

心理狀況所引起的不愉快則可以透過做想做的事情來抒發，從這兩個方面下手，就能將不協調與不愉快所帶來的影響降到最低。

以前我的恩師曾對我說過：**「大家早上起床時都會有起床氣，所以要利用這點學會掌控自己的情緒。」**從此以後，我早上都會播放喜歡的音樂，吃一頓美味的早餐，費盡心思讓自己的一天能夠從愉快的心情開始。

剩下的不安、不滿以及不幸，就會隨著每個人的感受與價值觀產生巨大的差異。

在八十七頁我曾提到內心的慾望與恐懼大於理想與信念的人，更容易受到這幾個「不」的影響，為了火種著想，最好審視一下自己的內心並調整好心態。

這幾個「不」都是人生必然會遇到的挑戰，要抱著哪怕只能減輕半分，都要全力以赴的心態來面對，試著用想像將「努力」化作「動力」，讓自己跨越眼前的困境。（二氧化碳濾淨機能夠稍微提供一點幫助）

在這些「不」之上還有更可怕的兩個魔王。

那就是生活上的**「不合理」與「不講理」**。

所謂的「不合理」與「不講理」，是時而矛盾、時而霸道的，比如上司朝令夕改，翻臉不認人，像這樣的「不合理」並不少見。如果是「我不理解、不接受這種莫名其妙的事情」的人，就會因為感到不平而痛苦。

這兩種事情，是我們在社會上生存一定會發生的狀況，而且因為來自於他人或社會環境，所以我們根本無法控制。

不論身處大或小的環境與職場，這些「不」的存在都會一定程度的影響我們，作為社會人不得不找到與它們共存的方法，當然如果情況真的嚴重到無法忍受的地步，那就得趕快換一個環境了。

根除「認知上的偏見」，調整好壓力濾鏡

同樣的事情，帶給某些人可能只有五分的壓力，但也有人會感到十分的壓力。

當大多數人都認為是五分的壓力，你卻感受到十分的話，那或許是因為你的「壓力濾鏡」出問題了，影響「壓力濾鏡」的主要因素是**「認知的偏見」**，我會在接下來的內容中進行介紹。

認知上的偏見（不平衡）

1. 情緒性的認知
容易在沒有證據的情況下得出事情是負面的結論。
「肯定是 OO 的緣故」
例如：客人一整天沒打給我→我肯定是被討厭了

2. 只看見特定選項（戴了有色眼鏡）
明明身邊發生了很多好事，但卻只能看見不幸的事。

3. 過度用扁平化的角度看待事情
用簡單的結論來推論絕大多數的事情。
例如：自己一件工作沒做好就認為「我一定連其他工作都無法完成」。

4. 擴大解釋或過低評價
自己造成的失敗歸咎於大環境的影響或是認為這沒什麼。

5. 苛責自己（個人化）
將無關自己的事情歸咎到自己頭上，明明不合邏輯還是感到羞愧。

6. 只有 0 分與 100 分的思維（非黑即白、完美主義）
認為所有事情非黑即白，缺乏彈性思考，或是無節制的追求完美。
例如：苛責自己「雖然談成生意，但卻沒有得到最好的價格」。

7. 自己擔心實現的預言
悲觀的想法與自我設限，並且預測自己最終會得到失敗的結果，陷入越來越堅信自己無法擺脫這種命運的惡性循環。
例如：陷入「不會有人在意我的狀況」的悲觀情緒，聽不見別人的聲音。

參考資料：憂鬱症的認知療法・認知行動療法（針對患者的資料）
厚生勞動科學研究補助金—心理健康科學研究事業「精神療法的實施方法與有效性研究」

將壓力濾鏡調整好（避免產生認知上的偏見），能夠減少我們感受到的壓力，而認知行動療法[7]可以帶來有效的幫助。

比如說週五的晚上六點，上司突然發來急件交代工作，如果不加班的話，週末假日就要泡湯了。

這很容易讓人因為「這個時間點還叫我工作根本莫名其妙」而動怒，或是「難得的假日就這樣沒了」而悲嘆。

但這個世界上也有人不會用這種負面的角度來解讀。

❶（這種時候把緊急任務交給我）或許是因為我特別被看好

❷反正假日也沒有計畫，剛好拿來加班

❸這樣子上司就欠我一份人情了

❹只要做好這份差事，就可以更快提高我的評價

這樣的思考，是不是讓世界變得不一樣了？

如果能讓世上的人稍微產生「確實」、「原來如此」、「也可以這麼說」的想法，那也算我幫上了一點忙。通常換一個角度看待事情，就能減少約20～30%的負面情感。

這種壓力的應對法，能讓我們跳脫僵化的思維，改變對事物的看法，也就是認知行動療法的實踐方式。

要特別注意的是，人的想法與價值觀是經年累月堆砌起來的，不可能一朝一夕就改變，請抱持著「我就姑且一試吧」的想法開始，**讓壓力一點一滴慢慢減少即可**。

人不太可能完全接受這種思考方式，還是要多加觀察自身壓力的變化狀況。

7 認知行動療法（cognitive behavioral therapy，簡稱CBT）為一種心理療法，常見於治療飲食失調及憂鬱症。

我建議當你感受到壓力時，可以試著想像「如果喜歡、尊敬、信賴的人在身邊，這時會說些什麼」，當內心開始聽見答案，不自覺說出「啊，就是這樣。」的時候，就代表你成功了。

在知名的認知行動療法中有所謂的**「Column method」**[8]。當碰上產生壓力的狀況時，將第一時間浮現的想法記錄下來，並確認「與實際發生的事情是否相關」，之後進行「是不是也能夠換個角度說……」的反思，讓自己的思考方式與心態趨於平衡。

市面上的書籍及網路上都有關於「Column method」的資訊，很簡單就能查到，想了解更多的人不妨動動手補充新知。

修正自己思考上的偏差，減少來自感受方面的壓力，也是現代社會人不可或缺的成長方式之一。

8 Column method 中譯為密度測定管法，用於測量聚合物的密度。

第4章

建立讓燃燒順利進行的「環境」

如何建構身邊的「環境」

現在我們已經找到了火種，也學會添加薪柴的方式，但如果「環境」過於惡劣的話，還是沒辦法讓火焰順利燃燒的。

這個篇章，**將探討我們身邊的人際關係以及職場等等「環境」方面的因素**。

燃燒殆盡的人當中，也有許多與上司不合、業務與所學完全不同、總是得不到表現機會、努力沒有人看見等等，不見容於環境的狀況。

別擔心，**你還有「改變環境」這個選項**。

但如果是換了好幾個職場都無法適應，不想做不擅長差事的人，必須要先了解這個世界不可能事事順心，為了追求理想不斷跳槽並不會讓狀況好轉。

首先，先想看看「身處當前環境，我該如何燃燒？」、「這樣的環境，我該如何改變？」，找到能讓自己適才適所的環境，才有透過努力不斷提升自我的空間。

那麼讓我們開始認識創造環境的技巧吧！

找到支撐自己的「五人後援」

和上司總是不對盤、與同事或工作合不來、沒有能夠談心的人等等，如果人際關係經營不善的話，就會被孤身一人的孤獨感淹沒。

因此人際關係是壓力來源的大宗，但另一方面**人際關係也是將我們從壓力中救贖出來的解藥**。

容易燃燒殆盡的人當中，有不少人不擅長人際關係，總是「一個人孤軍奮戰」，為了不讓別人看見自己脆弱的一面，裝出一副充滿元氣的樣子，不懂得找人商談，最後讓壓力不斷堆積在自己的內心中。

然而，為了要讓我們持續燃燒下去，**許多時候我們需要找到人商談，有著能守護自己的人是很重要的**。

說起格鬥技比賽，有像是後援一樣的存在。比賽時的中場休息時間，選手們擦汗、補充水分，以及最重要的：有一起思考打倒對手戰略的人，才能應對瞬息萬變的戰場，以及得到提振士氣的鼓勵。

為了讓我們在人生與仕途上的戰場持續奮鬥下去，從現在開始從自己的身邊尋找這些人的存在吧。

所謂的後援並非只有一個人，而是複數的存在，工作上及戀愛上的煩惱，商談的對象也不同，其他的壓力也會隨種類不同而想找不同的朋友傾訴，多元化後援的性質是必要的，才能針對各種狀況對症下藥，讓自己及早恢復元氣。

「五人後援」的理想作用

根據每個人的狀況不同，需要的後援人數及功能也不盡相同，為了取得燃燒的平衡點，我建議先從建立「五人後援」開始：

❶領導者：帶領自己找到前進目標的人

❷支援者：遇到困難時幫助自己的人

❸照顧者：身心俱疲時，說出「沒問題」、「做得很好」鼓勵自己的人

❹隊友：為了相同目標奮鬥的人

❺導師：指出人生意義與努力理由，像是指南針一般的人

請想看看自己身邊是否有像這樣的人存在。

作為社會人，我推薦將領導設定為自己的上司或職場的前輩，這是最直接的做法，當然心中有其他理想的對象也沒問題。

不過原則上，**最好是能模擬出當前職場的環境**，這樣訂立目標時才能符合現實，讓領導者發揮出具體的功能。

支援者與照顧者的標準，則是挑選自己可以示弱的對象，**大多數的情況會由家人或朋友擔當**，如果是與家人疏離、又沒有時間找朋友的人，就另尋管道尋找對象。

另外不只是個人的人際關係，**產業醫生及心理諮商等專家也是很好的對象**，有時候因為沒有工作上的利害關係或是私人感情因素，反而更沒有傾訴時的顧慮，能提供專業建議也是魅力之一。

隊友因為有**「共同努力的目標」，所以能互相鼓勵，請找到志同道合的夥伴**吧！身處同樣的環境，彼此的不滿與不安也很相近，能互相緩解壓力，有時產生競爭意識也能互相砥礪。我在準備醫生資格考試，身處燃燒殆盡時，就是靠著作為隊友的朋友們，才能挺過難關。

所謂導師，換句話說就是**「指導者、建言者」**，對於新進職員安排「支援與指導制度」的公司，能夠讓員工更快成長，為公司提供貢獻，製造雙贏。

能夠指點人生迷途的大多數是學生時代的老師，話雖如此，也存在祖父母、父母、朋友擔任這個職位的狀況。

憧憬的偉人、社會上的名人，也有同樣的效果。

偶爾也需要「忠言逆耳」的角色

能在自己走錯路的時候，**指出錯誤的角色非常重要，通常是領導者或導師來做這件事情**。

隨著社群網站的普及，很容易能找到與自己意見、價值觀相同的人，所以最先找到的往往是「支援者」、「照顧者」、「隊友」等角色，但同溫層容易讓我們的視野變得狹隘，從而無法發現自己行為產生偏差，得不到修正方向的意見與建言。

如果沒有人能提出嚴格的建議，人很難在正確的道路上努力。

如果是至今為止沒有意識到自己有這方面的需求，不斷逃避這種角色的人，請下定決心找出能給自己意見與建言的人吧。

有時鼓起勇氣後，說不定會發現上司其實不會罵人，反而非常親切哦！

改變人際關係，克服依存症狀的E先生

雖然理想狀況是在職場內找到作為後援的角色，但也有無法做到的情況存在。**這時只能從與工作無關的人身上尋求幫助**，最少能提供不同的想法與價值觀，讓人生產生轉變。

在日本具有代表性的經營顧問大前研一[9]曾說：「改變人生有三個方法，人只有透過這三種方式才能改變自己。」（《時間和浪費的科學》）

9 大前研一（一九四三年生），日本著名管理學家，曾任馬來西亞首相的經濟顧問。

改變人生的三個方法

❶改變時間的分配方式（該分配多少時間以及該在什麼時候做）
❷改變居住的環境（搬家時會徹底改變生活環境，帶來新的刺激）
❸改變交往的人（特別是與想法天差地遠的人往來，能夠豐富我們的想像力）

說起來談論結婚、就職、跳槽等關於人生話題的節目很多，結果導致本應該帶來人生改變的三個重大轉折，因為太常讓人意識到，反而變得無法在這三個時機點產生變化。

在寫這本書時，只要談論到「交往對象」的話題時，我都會不斷想到我的患者，有著酒精中毒症狀的E先生。

案例／四十歲的男性E先生

E先生是在知名企業認真工作的四十歲男性。

E先生做事細心，與他合作過的人都認為他是一個「很好的人」，十年前升任中間管理職之後，酒量不斷提升，最後引發酒精中毒症。從那之後持續了五年以上的治療，隨著職位提升與工作量的增加，逐漸迷失努力的方向，陷入燃燒殆盡的狀態。

我持續耐心的與E先生進行對話與指導，建立起治療酒精中毒時，醫師與患者間必要的信任，但E先生為了「不要愧對醫生」，隱瞞了「偷偷喝酒」的事實。E先生飲酒的量大到像是要在酒精中泡澡一般，最後因急性酒精中毒倒下緊急送醫。

我苦於找不到合適的治療手段，直到兩年前的春天，時隔三個月不見的E先生出現在診療室時，我感到非常震驚。E先生的臉色不但恢復健康，容貌與體型也彷彿年輕了十歲一般。

我不禁問道：「E先生好像變得煥然一新，發生了什麼好事嗎？」E先生笑著回答：「說來慚愧，我只是開始打桌球而已。」E先生偶然間發現家裡附近有桌球館，抱著動起來的想法開始運動。隨著不斷練習桌球，E先生開始參加比賽並增加訓練量，逐漸不再依賴酒精。

打桌球的同伴當中，有些人甚至比E先生還大了二十歲以上，但這些人都十分喜愛運動，與他們的相處讓E先生的生活習慣產生大幅度的改善。

比起持續五年的治療，三個月的邂逅更能治療E先生的酒精中毒，這讓我重新認識人際關係等環境變化，對於人生的影響力有多麼巨大。

現在E先生已經完全脫離酒精中毒，全心投入工作向前邁進。

當環境改變時，尋找擁有相同興趣的夥伴，對於讓自己恢復上班的動力非常有幫助，E先生是最佳的範例。

擺脫人際關係的壓力，「孤獨力」也是必要的

不過，為了持續「燃燒」，**「孤獨力」**也是必要的東西之一。

五人後援中的支援者可以成為令人安心的避風港，與親近的人相處的時間是對我們來說不可或缺，但要努力的時候，就是專屬自己一個人的時間了。

就算擁有領導者與隊友，有時還是會要獨自面對各自的目標，不得不獨自孤軍奮戰。

幫助我們忍受孤獨，渡過難關的能力就稱為「孤獨力」，**隻身面對挑戰時會連帶產生巨大的壓力**，為了應對這種時刻，我們平常就要養成找時間獨處的習慣。

而且就算身邊都是好人，交流過多也會帶來許多壓力不是嗎？

所以有時**掛上逐客令，主動製造獨處的時間**是具有意義的。

隨著智慧型手機的普及，隻身培養孤獨力就越來越必要。透過獨處來降低自己接收的壓力，並轉換成工作時需要的電量，時間一久，就能讓「孤獨力」等級不斷上升。

那麼就讓我們找一個沒有訊號的深山，**來趟「一個人做想做的事」露營之旅吧！**

將精力與時間用在人際關係上，會讓自己「想做的事」與「該做的事」變少，從而變得「好累啊」、「不想跟人碰面、不想跟人說話」，對人際關係產生抗拒，這就是為什麼我們要小心不要「交流過多」的原因。

要讓自己成長，孤獨的時間是必要的

人類這種生物喜歡群聚，對於孤獨容易感到恐懼，透過馬斯洛的欲求五階段論，可以得知我們都嚮往有所屬的組織與團體，這是社會欲求的一部分，想要得到承認與肯定的承認欲求也包含在內，當這些欲求得不到滿足時，就會感到孤獨感與疏離感。

這是身為人的基本欲求，所以要強行對抗對於孤獨感到恐懼的本能，在某種意義上是不可能的。

縱使如此，為了幫助我們成為一個達成目標的人，獨處的時間仍是不可或缺的，希望你還是能積極培養自己的「孤獨力」。

當「環境」存在明顯的問題時，適當地尋找出口抒發

接下來要談的是「不論做多少努力，環境始終無法改變」時，該如何應對。

以下要舉的例子有兩個：

❶ 勞動過重（長時間加班）

❷ 職場騷擾

那麼請容我娓娓道來。

長時間加班導致身心俱疲

目前已知，當長時間不斷加班時，會讓得到心理疾病的風險成正比成長。

根據英國研究報告，追蹤調查無憂鬱症病史的公務員兩千一百人，六年間每天工作時長達十一小時的人，罹患重度憂鬱症的風險比每天工作七到八小時的人提高二點三到二點五倍。

可見像這樣長時間加班的過重勞動是會導致巨大的壓力產生的。

維持這種狀態工作不僅沒辦法提升產能，甚至會讓失誤與意外增加，只會陷入高壓職場的惡性循環中，讓員工們燃燒殆盡。

當你身處這種明顯過勞的職場時，**請主動找上司進行討論，調整勞動時長。**

有苦難言的話，產業醫生也是很好的商量對象。

我所經手的案例中，出現過公司內一直是同一個人在加班的情況，「只有〇〇君才能夠做得到！」把業務變成某個人專屬的責任，只有他才能完成其他職員所沒辦法達成的業績。

我向他們主管建議將業務變成組員的共同責任，讓所有人一起分擔工作量，終於讓〇〇君擺脫了加班地獄。

最近還有一個值得注目的現象，那就是新冠疫情後，居家工作的型態變得普及，在公司上班時可以利用上下班來對時間進行管理，控制工作量，變成居家工作之後，許多企業無法把握合適的工作分配，無意間造成過重的勞動，員工自己也要多加注意業務量與所需的勞動時間是否合理。

掌握職場騷擾的標準與分寸是很重要的

接下來我想談談職場騷擾，這主要是利用職權與地位進行騷擾，通稱「職權騷擾」的行為。

職權騷擾是很多上班族的惡夢，已經成為職場所導致的心理疾病的大宗來源，戕害許多人的身心健康。

在平成二十八年（二〇一六年），個別勞動糾紛的申訴中，「霸凌與排擠項目」高達七萬多件，而且最終解決方式大多為解僱與勸說離職，比例遠高於其他類型的糾紛。

由於這種現象，二〇二〇年六月公布了稱為「職權騷擾防治法」的新法規。（中小企業直到二〇二二年四月才正式生效）

雖然不具備罰則，但企業必須設置申訴的窗口，同時有義務定期進行職權騷擾防治的宣導。

在法條內對於職權騷擾的規範標準如下：

❶上位者用言行展現自己的優越地位

其定義不僅是職務上與地位上的言行，同僚間倚仗專業、經驗、資歷或是集團性的排擠欺凌他人都包含在內。

❷業務上侵犯他人職權超過應有程度

沒有「超過○○的比例稱為職權騷擾」這種明確的標準，需要針對每個個案進行「整體性的評量」。

❸使勞動者陷入惡劣的職場環境

許多人會誤認為「被騷擾者認為是騷擾即成立」，但實際上的定義是「普遍受僱者所認為的騷擾」。

請務必要掌握好「職權騷擾」的判斷基準。

讓我們來確認職權騷擾的六種類型與範例吧（見一四八頁圖）

現實中如果你不斷看到下列的現象，**那代表整個環境都出現問題了，請不要保持沉默，立刻向申訴管道尋求幫助**。

之前所提到的「五人後援系統」也能發揮很大的助力，將情況告知他們也是不錯的決定。

就算你準備好了火種，碰上這類環境也會很快被熄滅，花費心思調整環境以及找到提供幫助的管道是不可或缺的。

職權騷擾對精神與身體的健康影響

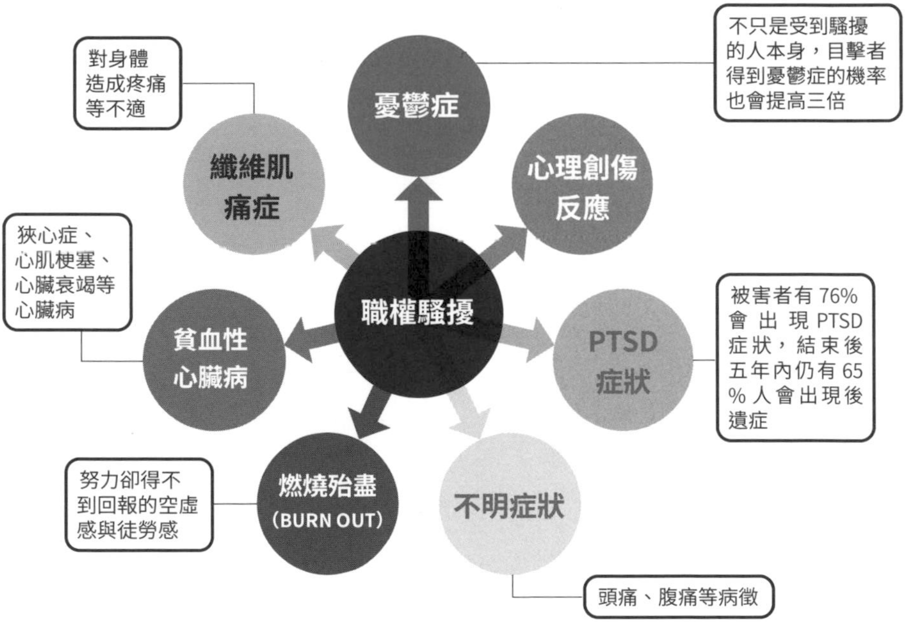
職權騷擾
憂鬱症
不只是受到騷擾的人本身，目擊者得到憂鬱症的機率也會提高三倍
心理創傷反應
PTSD症狀
被害者有 76% 會出現 PTSD 症狀，結束後五年內仍有 65% 人會出現後遺症
不明症狀
頭痛、腹痛等病徵
燃燒殆盡（BURN OUT）
努力卻得不到回報的空虛感與徒勞感
貧血性心臟病
狹心症、心肌梗塞、心臟衰竭等心臟病
纖維肌痛症
對身體造成疼痛等不適

職權騷擾的六種類型

職權騷擾的行為類型	範例
①**身體上的傷害**（暴行、攻擊行為等）	敲打、毆打、踢擊等暴行，或是用捲起的海報打頭等。
②**精神上的傷害**（脅迫、毀謗名譽、侮辱、言語中傷等）	在同僚面前斥責、用群組發郵件公開羞辱、非必要的長時間反覆責罵等。
③**人際關係上的孤立**（隔離、禁止與他人往來、漠視等）	調至個人辦公室、強制在家待機、禁止出席送別會等。
④**不合理的要求**（業務上沒有規定或不可能做到的事、妨礙工作等）	叫新人做沒教過的工作、妨礙他人的工作、讓其他人先下班把工作丟給一個人做等。
⑤**過低的標準**（命令其進行與工作性質、能力無關的輕鬆工作，遠離核心業務等）	叫司機去營業所外進行除草、文書人員進行倉儲管理等。
⑥**侵害個人權利**（介入私人事務等）	質問交往對象、批評職員的妻子等。

補充：以上僅為部分列舉，不包含全部狀況。

第5章

想想身邊是否也有「燃燒殆盡先生」？

發現同事或家人當中有「燃燒殆盡先生」時該怎麼辦？

正如我前面所提到的，現代社會比過往更加容易發生燃燒殆盡症候群。從兩年前開始流行的新冠肺炎，讓這個狀況更加雪上加霜，傳染病帶來對健康的不安與社會的動盪，讓我們的職場、工作方式乃至經濟型態產生劇烈的變化，社會被巨大的壓力籠罩，讓許多人活在緊繃的環境之下。

拜此所賜，**罹患「燃燒殆盡症候群」的可能性急遽上升**。

因此我們除了注意自身狀況以外，也要多加關心職場中的同事、部下以及家人等身邊的親友，一旦他們變成「燃燒殆盡先生」，才能立刻採取正確的應對方式。

當心不要演變成憂鬱症

當身邊的人疑似出現燃燒殆盡的症狀時，不能放任不管，否則就**有可能惡化成真正的心理疾病**。

最近越來越多人關心憂鬱症的話題。

憂鬱症是符合定義的心理疾病，雖然是舊資料，在二〇〇八年時日本國內有超過一〇四萬的人罹患憂鬱症，並且根據估計，加上沒有到醫院接受治療的隱性病患，實際人數會成長到一點五倍以上，一旦發病，治療就變得十分困難，因此及早發現並進行預防非常重要。

惡化成憂鬱症時是很難恢復的

從產業保健的視角來看，就能了解事情的嚴重性。

將職場上因職業傷害導致罹病的人進行分類，相比身體上或腦血管疾病，憂鬱症等心理疾病的數量要來得更多，佔比高達40％以上，出現因為心理疾病導致員工停職或是離職的公司，佔了全體企業的一成以上。

當員工因心理疾病而休職時，**平均要花超過五個月時間治療才能康復，遠比身體出現傷病來得更長**。（見一五五頁圖表詳述）

這些因為心理疾病而休職的人當中，能夠回到原本職場的案例比想像中還少，只佔全體的50％左右。

更恐怖的是，**憂鬱症是一種非常容易復發的疾病**。

將每一次憂鬱症復發都記錄下來的話，可以統計出初次得病的人復發率為50％、復發過一次的人再次復發率為70％、復發過兩次的人第三次復發的機率為90％，憂鬱症的復發率與復發次數成正比。

也就是說，就算是順利復職的人，在五年內也有一半以上的可能性再次復發而休職，從「恢復」到「復職」的案例中，我們可以看到這個數字不容我們樂觀。

憂鬱症作為導致休職的典型病例，想完成治療順利復職是非常困難的，出現「只是最近比較沒有精神，稍微有點累而已」的狀況絕不是好事，必須慎防惡化的可能性，找到合適的對策。

所謂的對策其實很簡單，**就是「休養」，必要的時候搭配「就醫」**。

然而，會累積這麼多壓力的人往往也具備認真、責任心強的特質，很有可能無法在正確的時機點選擇適合自己的做法。

也因此我們更需要關心職場上身邊的同僚們，提醒他們不要忘記適度的療養與休養。

疑似憂鬱症時出現的徵兆

憂鬱症的判斷基準請參考後面所附的圖片。

不具備專業的人無法輕易做出判斷，但如果下列症狀持續兩週以上時，那就要非常小心了。

請參考這一份厚生勞動省所寫的「職場心理健康維護表」，了解憂鬱症等心理疾病的注意事項。

憂鬱症等心理疾病的注意事項

◆遲到、早退、缺席等發生頻率增加
◆休息時間失聯（無故缺席也包含在內）
◆加班、假日出差的次數不合理增加
◆工作效率變差，思考能力與判斷能力下降
◆無法拿出業績
◆拒絕談論報告、會談、職場的話題（或反過來，只會進行這類話題）
◆表情呆滯、動作遲緩（或反過來，情緒亢奮或動作誇大）
◆言行不自然，引人注目
◆失誤或意外過多，引人注目
◆服儀不整，衛生習慣變差

當發現以上症狀時，請主動提醒當事人，並且通知周遭的人進行協助。

出現休職者的企業病因分類表

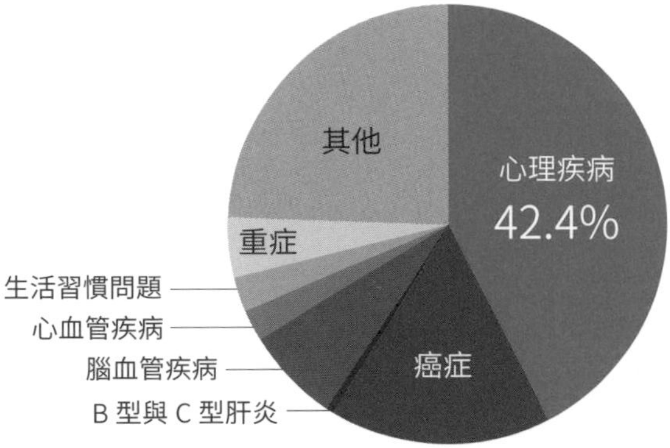

心理疾病患者
平均休職時長為
5.2 個月

憂鬱症的診斷基準

右邊症狀至少有一項符合時	1. 情緒壓抑 2. 失去對嗜好的興趣

以下症狀至少符合五項時

3. 食慾不振或暴增影響體重
4. 失眠或嗜睡
5. 精神不穩定，焦躁或抑鬱
6. 力量衰退導致容易疲勞
7. 失去價值觀判斷能力或過度的罪惡感
8. 思考能力與集中力下降，優柔寡斷
9. 想死，有自殺的念頭或計畫

❶ 左述症狀持續超過兩週以上，每天發作或一日內發作多次

❷ 因為症狀導致社會或職場等重要領域受到影響，無法維持正常機能

❸ 因為病症導致身體出現問題或依賴成癮症（包含藥物與酒精），並進行隱瞞

辨別燃燒殆盡（憂鬱狀態）的兩道提問

當你觀察到職場上的同事「似乎有心理上的問題發生」時，請主動關心當事人吧！

遇到這種情況，以下兩個提問可以派上用場：

❶ **「你最近有好好休息嗎？」**

❷ **「你有沒有好好放鬆？」**

讓我來講解如何運用這些提問。

首先是問題一的「你最近有好好休息嗎？」這句話雖然簡單，卻是非常重要的問題。

因為數據上顯示，心理疾病患者有超過90％的人會發生失眠的情況。**足量的睡眠時間很重要，白天時精神亢奮、沒有睡意或是早上起床後仍然感覺睡不飽也可能有問題**，還是多加小心為妙。

再多補充一點，失眠症患者三年後罹患憂鬱症的機率，是普通人的四倍，這也是經過研究證明的。

也就是說，不只心理疾病會產生失眠的症狀，失眠也會引起心理疾病，兩者互為表裡。

再來是問題二「你有沒有好好放鬆？」。

精神狀態不佳的時候會沒有幹勁，失去對喜歡的事物的興趣，這是相當常見的狀況。

其實，「失去興趣」也是憂鬱症的判斷基準之一。

職場因為是工作的地方，所以不容易察覺「有沒有提不起興趣」這件事，當提出問題二時，得到的答案是**「最近都沒有去打棒球了呢……」**、**「說起來之前追的劇錯過好幾集了。」或是「老是覺得好無聊……」**等消極的回應時，這就是健康訊號亮起了黃燈的徵兆。

這兩個提問出現在日常會話中十分自然，可以放心對看起來無精打采的人進行試探。

還是要再提醒一次，**不具備專業知識的人不要草率地判斷當事人的狀況**。

當亮起黃燈警訊時，下一步請試著誘導當事人前往醫療機構或是找產業醫生進行診斷。

該對燃燒殆盡先生（憂鬱狀態）說的五句話

對憂鬱症患者最不該說的一句話就是「振作點」，這個說法廣為人知，理由就是因為這句話對當事人毫無幫助，只是在強迫他做一件做不到的事情罷了。

精神狀態出問題的人，很容易因周圍人一句無心的話語反應過度，視情況甚至會拒絕他人的關心與幫助，自我孤立導致狀態更加惡化，這一點我們要特別留意。

我想在這邊介紹一些，**心理狀態不佳的人「想聽到的話」以及「不想聽到的話」**，供你們參考。

首先，是「想聽到的話」五句。

說給心理狀態不佳的人的五句話

❶「你最近還好嗎？（關心口吻）」
❷「真的很難受呢……（感同身受）」
❸「你隨時可以找我商量！（提供幫助）」
❹「先休息一陣子吧！（休養）」
❺「我陪你去醫院（或找產業醫生）吧！（就診）」

以下讓我來逐一講解。

❶「你最近還好嗎？（關心口吻）」

當你感覺對方看起來精神狀態不好，很難受的樣子時，先以**「你最近還好嗎？我很擔心你。」**來表達關懷吧。

要留意說話的方式很重要。

不要只是問「沒事吧？」，會給對方一種你並不在意的感覺，心理狀態出問題的人很容易疑神疑鬼，如果說話方式太草率的話很容易引起對方反應過度。

要是不小心弄巧成拙，不但無法傳達自己的好意，反而會讓對方心生抗拒，**一定要讓對方明確收到「我很擔心你」的關懷之意**。

直到對方開始認為「或許你是我的夥伴」，才會慢慢敞開心房。

❷「真的很難受呢……（感同身受）」

與對方建立起基礎的信賴關係後，他或許會透露「最近睡不好……」等訊息，這時你要善用言語的力量，展現自己的同理心，讓對方認為你能理解他的「痛苦」。

這在心理學上稱之為「傾聽」。

在對方說話時，不要直接提出質問或是給予建議，**「沒錯，確實這樣的狀況很難受。」使對方覺得你有在好好聽他說話**，理解他所想表達的意思。

❸「你隨時可以找我商量！（提供幫助）」

與第二句話相同，**「隨時都可以找我商量，等你想說的時候請不用客氣。」**讓對方知道你願意提供幫助。

在對方遇到困難前，或許已經嘗試了各種方法以及他人的建議，就算沒有經歷這個階段，也不一定有餘裕聽從你的意見。

也有一部分的人對於找人商量這件事感到抗拒，**在對方說出「請你幫幫我吧！」之前，貿然表達你的想法很有可能會造成反效果**。

另一方面，外人從一開始就過度插手，也會讓對方不敢說出真正的想法，為了讓你們能夠進入對話的下一個階段，請耐心的循序漸進吧。

❹「先休息一陣子吧！（休養）」

這個階段我們所要傳達的訊息是：**「請好好休養。」**

壓力與身體不適通常會伴隨著疲勞，只有先進行充分的休息，才有餘裕處理眼前的問題。

❺「我陪你去醫院（或找產業醫生）吧！（就診）」

在經過一番努力，建立起雙方的「信賴關係」，並且當事人進行「休養」到一定程度之後，就是提出「我們去醫院（或找產業醫生）吧！」的好時機。

我將這個階段稱為**「Let's Go」**話術。

不論是說「快跟上來」或是「行了，快去吧。」，都會讓對方有種突然被放生的感覺，所以要讓對方知道「哎呀，現在開始必須要好好去看醫生，只靠自己是沒辦法跨越眼前的難關的。」

注意不要讓對方懷疑「我被貼上了『神經病』的標籤嗎？」，這會讓辛苦經營的關係在一夕之間崩塌。

當然實際上接受治療是當事人自己的事情，但如果說出「讓我們一起試試看吧」，就不會帶給對方不好的印象，仔細包裝你所提出的建議才能帶來好的效果。

某知名企業的老闆，底下有著二十幾名員工，最近年輕社員中有好幾個人開始缺席，為了改善這種狀況，於是他開始進行每週一次的單獨會談，希望能了解每個職員的狀況。

最初職員們並沒有辦法好好表達自己的意見，隨著幾個月過去，老闆的關懷終於順利傳達，**員工們變得願意說出關於工作與身體健康上的煩惱**。

其中幾個特別令人擔心的員工也開始前往醫院看診，接受醫療方面的援助，如此一來不論是基層還是管理層，都能安心的工作。

不能對燃燒殆盡先生（憂鬱狀態）說的五句話

有「想聽的五句話」，那當然就有「不想聽的五句話」。

對心理狀態不佳的人來說「不能說的五句話」

❶「雖然是這樣，但是……」
❷「我懂，因為我也……」
❸「所以呢？你到底想怎麼樣？」
❹「轉換一下心情吧。」
❺「這時就該做〇〇。」

同樣地，我也會逐句分析。

❶「雖然是這樣，但是……」

正如先前所提到，「理解」與「傾聽」是非常重要的，在「這樣啊」後面接上「但是……」，只會讓對方感覺你根本沒在聽，只是想說你自己的話而已。

能夠說出「但是……」的時機點，只有在對方認為**「反正我只會被批評、被否定。」**的時候，用來改變對方的想法。給予勇氣，化解焦慮之後才能開始進行對策的提案。

❷「我懂，因爲我也……」

很多人喜歡說：「我懂啦，我以前也是這樣。」表現自己好像很理解對方。

或許這樣說的人真的有過實際的經驗，但當事人往往會覺得**「你又不是我，你懂什麼？」**或**「根本不是你說的那樣！」**，反而很有可能產生不信任感與厭惡，你應該要說的不是你自己的體驗，而是對對方的同理心。

❸「所以呢？你到底想怎麼樣？」

還有另一種常聽到的是「為什麼你要這樣？」或者「怎麼樣你才滿意？」這一類的話。

在心理狀態不穩的情況下，當事人根本沒有餘裕考慮自己要的是什麼，**這時候去尋找原因或對策是沒有意義的**，對方只會感到壓力而想要逃避。

❹「轉換一下心情吧。」

接下來要說的這句話比較特別。

先前曾說應該告訴對方「好好休養吧」，但有些人會說成「轉換一下心情，我們來〇〇吧。」等，提出找當事人喝一杯之類的建議。

在對方沒有幹勁的狀態下，是沒有力氣搞什麼「轉換心情」的，請放過對方，**讓他好好休息吧**。

❺「這時就該做〇〇。」

最後一句話是「你應該做〇〇才對」。

前面說過，很多人喜歡說：「原來如此，但是……」有些人則會更進一步，升級成進階版的「原來如此，但作為一個社會人，你不這樣做是不行的。」

確實，提醒對方該盡的責任與義務非常重要，但這不是現在該說的話，請先讓對方充電以及恢復身體健康之後再說吧。

在對方累垮的情況下，請先把指導與教育放在一旁，**給予當事人最大限度的體諒**，讓對方安心才是最重要的。

許多人為了傳達鼓勵或是關心，都會想告訴對方這時候該做什麼，但為了避免當事人心理狀況更加惡化，還請多注意你說話的內容。

況且**有很多時候身心狀況出問題，是根本找不出具體原因的，這點也必須考慮進去**。

當心理狀態出問題，許多人會併發失眠、頭痛、腹痛、心悸等症狀。現實中，的確有約70％的心理疾病患者剛開始會「前往內科看診」，在內科檢查不出原因後才被轉診到心理科進行診斷。

再一次提醒大家，如果發現身邊有人出現黃燈與警訊，務必先以「兩個提問」以及「該說的五句話」來嘗試進行幫助。

所謂職場是爭取報酬的地方，有效評估業務量與負荷

再來聊聊職場能夠提供的幫助，如下列：

❶ **給予員工有薪假**
❷ **減輕業務量與工作量的負荷**
❸ **舉辦心理健康講座**

第二章曾經提過，**有薪假能夠有效幫助當事人進行良好的「休養」**。如果當前的職場有給予有薪假的風氣，那麼不只是對於患者個人，主管與基層員工也能得到良好的休息，適度的福利也很重要。

要讓當事人沒有後顧之憂地進行休假，**公司的體制及工作量的分配**需要進行全盤的調整。

出現狀態不佳的員工時，周圍的人要給予一定程度的關心，除了安排產業醫生進行治療，也要改變職場的工作模式。

還有療程結束後，避免症狀復發的預防對策，**如在職場安排心理健康相關講座，以及在網路上學習相關知識等**，這些都不是患者一個人的事，而是針對全體社員應有的措施。

當公司內沒有設置諮商的窗口或聘請產業醫生時，就要善用國家提供的服務與外部資源。

厚生勞動省有針對勞工設置的心理健康網站——**「傾聽心聲（こころの耳）」**[10]，上面刊載了許多關於心理保健的資訊，幫助你對內心的疲勞度與壓力進行自我檢測，找到心理保養的方法，並給予管理階層與基層建立連線的

10 可參考 https://kokoro.mhlw.go.jp/

建議。

民間也有許多關於心理照護的機關，提供各種服務，必要的時候可以依需求尋求幫助，利用前確認好費用即可。

認真傾聽家人的話，成為生活的後援

最後，我想介紹家庭所能提供的兩大幫助。

❶ 對當事人來說品質最好的傾聽
❷ 能隨時給予生活規律上的協助

家庭是每個人心中最好的避風港，也是最後一道城牆，唯一能真正吐露心聲的地方。

對患者來說有分「想說話」與「不想說話」的情況，本人不想說的時候就不要逼問他，給予意見也要控制分寸。

當他開始想要傾訴時，家庭要仔細「傾聽」，讓當事人保持想說的這份心情，這能有效讓負面情緒改善。能說出「辛苦你了」、「委屈你了」的家庭，是患者最重要的依靠。

當進行充分的傾聽之後，「我們去看醫生吧」，讓患者能放心就診。

同時，在患者治療的階段，家庭也要協助當事人維持生活的規律內容包括充足的睡眠與固定的起床時間，三餐正常並確保白天有足夠的活動量，直到身心狀況恢復健康前，在身邊持續守護著當事人。

直到康復前都會是一段漫長的過程，時好時壞的狀況會讓家庭陷入不安，最不想看到這種情況的就是患者本人，**請不要焦慮，保持耐心給予支援吧**。

column 3

將「遠距工作」變為正面的工作模式

新冠疫情以來，「遠距工作」已經成為固定的形式之一。

東京的遠距作業普及率在二〇二〇年三月達到24%，二〇二一年五月提高至64.8%（東京都產業勞動局六月二日發表資料），短短一年內倍數成長，快速普及於各大企業。

但是產業醫生們卻遇到許多人表示「居家工作好辛苦」、「因為居家工作導致狀況不好」等，甚至有人因此離職，於是我開始探究其中的原因以及尋找預防的對策。

我認為，遠距工作帶來的問題大致可分為三類：

❶ 交流上的問題
❷ 活動性下降，生活規律被打亂
❸ 不適合的工作環境導致不協調

首先遠距工作最嚴重的問題就是**「交流不便」**。

在「遠距工作與上司應對」的問卷調查中，有39.5%的基層、44.9%的主管因為「無法得知對方反應」而感到不安，許多人對於無法面對面的交流感到不適應。

另外對「工作能不能得到支援」及「能不能得到公正的評價」抱持懷疑的人，跳槽意願提高了一點七到一點八倍（Persol總合研究所《「遠距工作」所造成的不安感、孤獨感定量調查》）。

面對新冠疫情帶來的新工作型態，大家都無法馬上找到人際關係的調整

方法，失去疫情前理所當然的人情世故與交流方式，一下子跳到遠端工作的新模式，壓力也就隨著適應不良而生。

遠距工作也讓人不再有通勤需求，長時間待在自己家裡，**活動量大幅減少，生活規律被打亂導致工作環境惡化**，成為身心不適的主要原因。

例如在二〇二〇的緊急事態宣言曾說，調查指出一天走路不到三千步的人相較疫情前成長了兩倍（Link under communication《新冠疫情下生活習慣的變化》最新調查報告）。而據醫學研究，一天走路步數不到四千步的人會提高罹患心理疾病的風險。

尤其因為外出受到管控，連帶減少接受日照的機會，更容易對心理健康產生不良影響，一連串的現象讓人不禁稱為「新冠憂鬱症」。

回到工作環境的話題，讓人措手不及的環境改變，許多人無法將自己家裡調整成適合工作的地方，趴在地板上用電腦、桌椅高度不合引起肩痛腰痛等等，諸多不便當然也會對身心造成不良影響。

企業將遠距工作的員工團結起來的三個方法

接下來，讓我介紹資方能夠為無法適應遠距工作的員工提供那些有效的支援：

1 定期的線上視訊會談，掌握員工的狀態

為了消除遠距工作時，員工與上司間「看不到對方的臉」的不安，可以安排定期進行一對一的視訊會談，成為既定的工作流程之一。

若是在視訊會談中發現「員工的樣子怪怪的」，公司方就能立刻安排產業醫生進行協助，或是勸導員工就醫。**初期的壓力症狀，會反映在儀容如髮型或穿著上**，請務必把握線上會議的時機點進行觀察。

2 設立具備健康諮詢服務的窗口

前面提到遠距工作很容易引起身心方面的不協調，遠距工作中不論是居家還是出差的員工，企業都很難對其進行健康管理，公司內如果有聘請產業

醫生或是保健師的話，建構可以提供支援的設備與環境相當重要。

如果公司內沒有這些專家的話，善加利用外部機構也不失為一個好選擇，之前提到過厚生勞動省設立的「傾聽心聲」與NPO[11]的「新型冠狀病毒感染症線上諮詢服務」等都能有效提供幫助。

3 工作環境的調整

我大膽預測由新冠疫情所帶來的遠距工作型態，會成為未來的趨勢。

傳染病只是一個契機，遠距工作這種自由的勞動環境早就開始萌芽發展，**但這不代表可以將調整工作環境的責任丟到員工頭上，企業方也要花費足夠的成本，來提供相應的設備與支援。**

最後還是要呼籲，**為了有效降低心理疾病所導致的離職風險，建立員工個人與企業間的雙向管道是必要的措施。**

11 Non-Profit Organization，非營利組織。

不管在公司內還是自己家裡工作，積極進行溝通與對策，才能夠提高效率與產能，創造雙贏的局面。

第6章

針對容易發生燃燒殆盡狀況的組織的處方箋

什麼樣的組織容易讓員工燃燒殆盡？

至今我已針對「燃燒殆盡症候群」中，包括當事人、親友、同事等「個體」，提出了不少應對及預防方法。

最後輪到**「容易引發燃燒殆盡現象的組織」**這個話題。

一直不斷發生燃燒殆盡症候群的職場是真實存在的。

最明顯的指標就是這間公司的**「離職率」**，再優秀的人才都留不住、錄用的人很快就想跳槽、短短數年就能替換一批又一批的新人、人力的缺口永遠也填不滿，有這類煩惱的人事部門其實非常多。

這種情況會導致第一線的工作人員疲於奔命，負擔超出自己能力範圍的業務量，被迫成為燃燒殆盡先生，讓一連串的骨牌效應倒向離職的結局。

離職率會隨著職業的不同有所差異。

日本全國的平均離職率大約落在14～16％左右，其中餐飲業與ＩＴ產業是流動率較高的一群，比起其他行業更加的不安定。

招納新人可以為公司注入活水，尤其新成立的產業更需要人力來擴張，因此我們不能說「流動率高就一定是黑心企業」，但等到事業步上正軌後，員工還是同樣來來去去，銷量與生產甚至會因此受到影響的話，**那很有可能就是這間公司管理上出了問題**。

對於員工來說，「逃離讓人燃燒殆盡的惡劣環境（離職）」只是一種選擇。但站在組織領導人的立場上，**減少員工因為「燃燒殆盡」而離職的情況是重要的經營課題**。

就我擔任各大企業產業醫生的經驗來說，要維護組織的工作環境、減少員工身心消耗，需要掌握以下四個要點：

減少組織內燃燒殆盡與心理疾病發生的要點

❶ **長時間勞動（過勞）對策**
❷ **職場騷擾對策**
❸ **核心價值、動機對策**
❹ **休職、復職對策**

第一項與第二項在第四章提到工作者在高壓環境下該如何自處時有談過，如果你是組織領導人想改善這方面問題的話，可以配合前面章節進行消化與整理。第三項的價值對策與第四項的休職、復職對策則是本章重點，接下來就讓我逐一說明吧。

對策❶ 長時間勞動（過勞）對策

給予充分睡眠時間的勞動管理

對策一是關於長時間勞動（過勞）的對策。

大多數企業的管理部門都明白，員工工作時間管理的重要性，厚生勞動省以企業為對象，發布了「防止過重勞務所產生的健康危害總和對策」（令和二年四月[12]改版），希望能給提供具體的指示。

❶上班時間外及假日的工時削減

❷改善勞動時間分配

12 西元二〇二〇年。

❸促進員工逐年增加有薪假

❹全面實施勞動者的健康管理措施（安排醫生諮商）

大多數企業都在力所能及的範圍下盡力配合，不過我還是要特別強調四個要點當中的**「上班時間外及假日的工時削減」**這一項。

原因很簡單，就如我不斷重複提到的，長時間加班會直接性的影響睡眠與休息時間，這會大幅提高罹患心理疾病的風險，一旦平均睡眠時間低於每日六小時，就很有可能會引發憂鬱症。

事實上，勞動時間與睡眠時間的關係是有相關研究的。

每個月加班時數低於法定勞動時間所規定的四十五小時的人，在平均睡眠時間低於六小時的案例中佔30％不到。另一方面，睡不到六小時的人當中，有超過60％平均每個月加班超過八十小時，而有超過70％的人每個月加班達一百小時以上。

也就是說，「勞動時間過常導致加班時數增加」→「加班時數增加導致睡眠時間減少」→「睡眠時間減少助長心理疾病的滋生」，形成三階段的惡性循環。

想要維持員工身心健康的話，請明白**「勞動時間管理≒睡眠時間管理」**這個道理。

與長時間勞動者的談話與關懷是必要的

別忘了總和對策四大要點中的「勞動者健康管理措施」。

對於有產業醫生的職場，**加班與假日工作超過八十小時的員工請一定要安排他們使用這項服務**，就算本人沒有自覺，身體也會產生沒有發現的變異。

尤其要小心重點項目的工作結束之後，從緊繃的生活中放鬆下來時，很容易會陷入燃燒殆盡的狀態之中。

當沒有產業醫生時，全國各地也都有產業保健總和支援中心或是民間心理治療諮商機構的專家，可以安排員工前往進行保健指導。

對策❷ 騷擾對策

不讓下屬燃燒殆盡的上司所具備的言行

上司的言行導致部下燃燒殆盡的例子現實中並不少見。從統計數據上來看，不僅是職權騷擾，上司對下屬施壓或是打擊士氣的言行也都在需要修正的範圍內。

至於哪些言行會導致部下不適？以下我分為兩個大類。

❶若是、如果句型

「**若是**你有先打一通電話前去確認的話，哪會犯這種錯誤？」

「**如果**你早點向我報告，我們已經解決一半的問題了！」等等情況。

這是將已經發生過的事情，用來二度傷害部下的行為。分析錯誤與失敗的原因，讓對方進行反省的確是該做的事，但要避免多餘的追究責任，用錯誤的方法檢討下屬只會造成反效果而已。想要進行正確的指導，就不能用情緒性的詞彙攻擊對方，冷靜下來找出失敗的原因，給予對方具體的改善方法才能得人心。

❷不論、應該句型

「這就是公司的規矩，**不論**什麼原因都必須要照著做！」

「沒搞懂或是有什麼不滿，是下屬們**應該**要自己找主管問清楚的。」

等等。

這種抬出規定來施壓，否定對方做法的嘴臉，不管說得有沒有道理，只會讓下屬，尤其是年輕一輩的新世代們感到厭惡與抗拒罷了。

如果是正確的一方，很容易會因為下屬搞不清楚狀況，做錯事後感到憤怒，進而斥責對方。要教導對方「正確的做法」這件事本身也需要正確的做法。

如何讓訓斥不要變成職權騷擾的要點

如果一個職場用職權來進行恫嚇與管理，而下屬們敢怒不敢言的話，那這個組織一定出了問題。需要對下屬進行指正時，切記不要一味地發洩自己的怒氣。

不論是誰，做事時都會受到當下的情緒影響，特別是在極度憤怒之下很容易失控導致犯錯，以下就讓我分享一些情緒管理的技巧：

❶罵人之前先深呼吸

學會情緒管理可以有效控制自己的怒氣，當你開始生氣時，**給自己六秒的時間撐過即將爆發的那一段**，起身繞著桌子走幾圈，並進行深呼吸，藉由呼吸的韻律控制情緒。

❷指導時把重點聚焦在具體的行為上

像「又是你這傢伙，到底要我說多少遍？」這種話，就是完全沒有重點的說話方式，失誤、失言或重要的報告搞砸了等等，**要罵人的時候就要針對對方犯的錯來指責**。

❸否定對方的人格與性格是NG行爲

「你怎麼老是這麼隨便？」、「就是這樣我才不想跟你這種廢物一起工作！」等**羞辱對方人格的說話方式，也屬於不該說出口的一種，同時要避免攻擊外表、年齡、性別等對方無法改變與控制的事情**。

❹確認下屬是否理解自己的指導內容

指導結束後，對方的反應很重要，有時明明是為了對方著想，卻讓對方只感覺到被否定或批判。**不能讓交流變成誤會，仔細觀察對方的精神狀況與情緒，可以幫助你確認這件事**。

對策❸ 動機、價值對策

讓組織成為「火種」的明燈

如同我再三強調的，一定要準備長時間勞動與職權騷擾的對策，但只有這樣是不夠的，公司要積極建立員工的核心價值，成為他們心中的火種。

讓我們複習一下馬斯洛的欲求五階段論，與第一項的「長時間勞動」最相關的就是生理欲求的「睡眠慾」，當健康被影響時會帶來不安，這則屬於安全欲求的範疇。

接著是第二項的職員騷擾對策，想對組織產生歸屬感是社會欲求的一種，得到他人的肯定則是承認欲求。

職場上會有各式各樣不同個性與專長的員工，建立一個具信賴與互助基礎的環境，才能讓人安心工作，這就是人類的基本欲求。

再來，第三項的動機與價值，是馬斯洛所認為的自我實現欲求，有時甚至會昇華成自我超越欲求。

最近的價值觀隨著年輕世代的加入產生了改變，不只是薪水、休假等待遇層面，**一份工作是否能得到核心價值與收穫，「我是否有所成長？」成為更受人重視的項目**。

就算是工時合理、氣氛和諧的職場，當中的核心價值往往也處在曖昧不明的狀態，有些人會因為迷惘而變得燃燒殆盡，這並不是奇怪的事情。

追求核心價值是人的慾望之一，總是以自我為中心來行動的話，會失去對集團的向心力，進而演變成人際關係問題，為了不要讓職場醞釀出這種壓力，請找出一個目標讓員工們一起努力吧。

楷模、評價制度、安全感

為了建立員工們的動機與價值，我認為有三個要素可以成為他們的助燃劑：

建立職員動機與價值的三大要素

- **◆公司能帶給員工明確的願景（火種）**
- **◆建立合理的評價制度（薪柴）**
- **◆創造具有安全感的工作空間（環境）**

所謂的願景就是公司或組織中「火種」一般的存在。

自己是為了什麼而努力，又要朝著哪個方向前進，**公司要將這樣的願景展現給員工，成為共同的目標**。

如果是大型的組織，那麼只有方針是不夠的，不同的部門與團隊有著不一樣的願景，讓每個人都能成為一份子，為努力的目標貢獻自己最是理想。

當公司的願景十分明確時，能夠成為員工心中強而有力的火種。

第二項的評價制度，其使命是成為助燃的「薪柴」，每個人都希望自己的努力得到肯定，如果每一項付出都能被看見，就能讓火焰熊熊燃燒。

正確的做法不是動不動就把員工誇上天，**而是給出的評價能夠服眾**，掌握不了其中的分寸，就會讓人覺得努力與回報不相等，澆熄內心的熱忱。

第三點是創造具有安全感的工作空間，美國的ＩＴ企業Google曾研究「如何讓團隊效率上升」，其中最引人注目的一段，就是關於安全感能夠降低離職率，並有效提高產能的理論。

研究日本企業環境與安全感關聯的ZENTech，其董事石井遼介[13]曾說：「**①好說話②有幫助③具挑戰性④有新鮮感**，這四個因子能夠提高員工的安全感。」（《愈吵愈有競爭力》）

與同僚們志同道合、互相扶持，才能一起面對新的挑戰，這樣的職場，才不會讓人覺得自己孤軍奮戰，得不到成長。

如何提高公司內的安全感，是一項難度很高的課題，不同的環境適合不同的方法，值得領導者多加摸索。

13 石井遼介，畢業於東京大學工程學系，現為 ZENTech 公司董事。

對策❹ 休職、復職支援對策

跨越困難，使其再次燃燒的支援

當職員發生燃燒殆盡症候群或心理疾病時，公司要提供協助復職的流程與支援。

制度完善的企業才能夠讓員工安心工作，良好的支援會讓人更願意獻身回報公司。

首先，職員回歸支援的流程可以參考下列的五步驟（厚勞省「改訂，如何協助心理健康問題的休職員工復歸支援指南」）。

讓所有的職場都能建立「職場復歸流程」，也就是讓就業環境制度化。提供工作者支撐下去的幫助是很重要的。

職場復歸流程五步驟

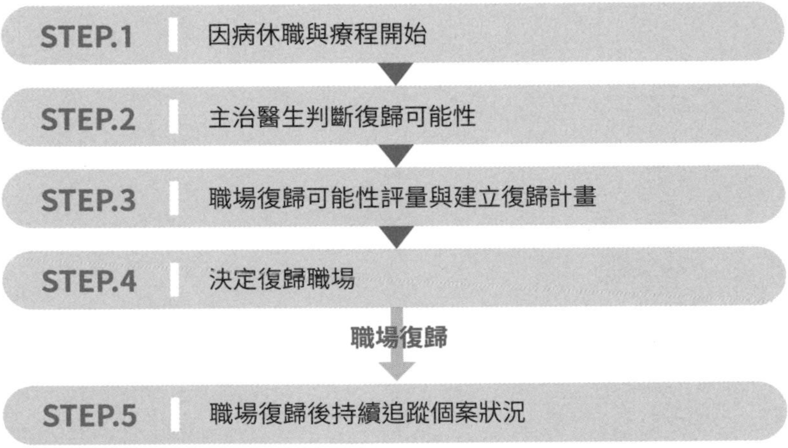

參考：厚生勞動省「改訂，如何協助心理健康問題的休職員工復歸支援指南」

實際的支援內容，需要由當事人、主管、產業醫生（或主治醫生）、保健師等相關人士共同討論決定。

這裡雖然不會把各種細節寫出來，不過可以參考 STEP3. 的職場復歸可能性評量與建立復歸計畫、STEP.4 決定復歸職場、STEP.5 職場復歸後持續追蹤個案狀況等三個項目來進行擬定。

STEP.3 與 STEP.4 的評估需要非常慎重，如同第二章所提到的，因為心理疾病所引起的休職，時間長短會因人而異，需要視每個個案情況有所變通。

也有日常生活沒有發生問題，只有在工作時才出現氣力不濟、精神不集中狀況的案例，所以不要急著要求員工回歸職場，以免病症復發，配合當事人、家人、主治醫生或產業醫生的步調，直到康復再行復工。

STEP.5 所提到的後續追蹤還包括，**初期減少勤務時間與業務量，把負**

擔降到低於之前的水平，再以數週或是數月為單位，慢慢調整回休職前的等級。

尤其是工作經驗不足的人，常常會因缺乏用來判斷的依據，抓不準適合自己的工作量，過度拚命之後把自己消耗殆盡。請務必要找上司或前輩陪伴自己進行測試，才能知道自己的極限在哪裡。

同時，復歸後還要注意不要發生另一種情況，**那就是太過小心翼翼，只敢把最輕鬆的工作交給當事人做**，這會讓「努力的門檻」變得太低，反而降低了對壓力的承受能力。

在不抹殺本人的可能性之上，幫助他尋找職場中自己的定位，體會核心價值，能夠讓當事人更快恢復燃燒。

還記得第一章提過的「燃燒殆盡先生」之一的C小姐嗎？

C小姐因為精神狀態不穩而萌生退意，在上司手把手的帶領之下，逐漸幫C小姐建立起自信心，感受到公司對她的期望，成為優秀的職場女超人。

從結果來看，壓力的抗性是可以靠後天的努力提高的，C小姐重新站起來之後，現在也仍充滿精神的努力著。

「燃燒殆盡」不是個人問題，組織的對策也很重要

由燃燒殆盡症候群引發心理疾病，並不是每個人都會碰上這種問題。確實有時候這是當事人自己的問題所造成，身處同樣的壓力下，有的人就能不斷前進，對於工作適應得很好，另一部分的人卻會逐漸脫隊，最終默默的熄滅。

但**我們不能因此無視工作與職場所帶給員工們的壓力**。不管公司提供多少心理照護服務，影響壓力來源的始終是「火種」、「薪柴」、「環境」等三大因素，要做到完美是不可能的事情，也就是說，**燃燒殆盡既有個人因素的問題在，組織也需要負起相關的責任**。

美國著名的社會心理學者，加州大學伯克利分校的名譽教授克莉絲緹娜・瑪斯拉奇（Christina Maslach）曾對WHO（世界衛生組織）ICD-11中有關燃燒殆盡症候群的敘述「將燃燒殆盡視為一種疾病的話，個人的因素會比組織的影響來得重要。」提出批評。

「如果我們認同這種說法，那麼『只要治療有病的人就好』、『因為是個人問題，只能請你離職』、『趕走問題人物就能解決問題』就會變成答案，讓企業從責任中脫身。」（珍妮佛・莫斯《哈佛商業評論》二〇二〇年一月二十日）

只要員工當中有任何一人遇到燃燒殆盡的問題時，組織的管理階層與領導者都必須要自我反省，對制度進行全面的檢視。

我們的職場，為什麼會讓員工產生壓力？或是為什麼無法找到讓員工努力的目標？不斷對這些問題進行思考，**才能創造出讓所有人「安心燃燒的職場」**。

後記

感謝各位讀者能夠讀到最後。

回想起來，我的人生一直在不斷思考如何解決燃燒殆盡症候群，找到內心平衡的方法。

就像書裡所說的，我雖然在做產業醫生的工作，但職業拳手的活動從來沒有中斷過。

這是我作為一個醫生，在貢獻社會之餘，也決不放棄自己興趣的堅持。我所做的事情既是我人生中的課題，也是自己所期望的生存之道。

一步一步的向前走，絕不半途而廢，因為如果白費力氣的話，我肯定又會再次燃燒殆盡。

學生時代我曾罹患燃燒殆盡症候群，即便在成為社會人與醫生之後，我仍不敢有所懈怠。還記得第一次嚴重到我失去人生的方向，第二次則找不到繼續努力的力氣，這些回憶一直留存在我腦海中，片刻不曾忘記。

從此之後，不管有多麼忙碌，只要好好規劃時間與付出，就能把生活的節奏兼顧得面面俱到。

本書的內容是結合了我的經驗與實踐方法所寫下，關於燃燒殆盡症候群的應對方法，希望能夠為讀者們恢復健康、預防疾病提供一份心力。

我作為產業醫生的「火種」，同時也是我心中的願景，那就是「建立一個努力能夠得到回報的社會」。

想努力卻沒有動力、太過努力導致身心俱疲，這樣的人需要被及早發現，採取正確的措施來幫助他們。

比起我們這些產業醫生，你們更接近當事人，只要細心觀察，一定能夠看出異狀。請從明天開始，善用本書的內容關心身邊的人吧。

每減少一件燃燒殆盡或是心理疾病的發生，日本社會的幸福就增加一分。

為此我會繼續留在這個行業，不斷面對各種挑戰，用自己的方式變強，讓心中的火焰熊熊燃燒。

國家圖書館出版品預行編目資料

燃燒殆盡的人：沒幹勁、無法努力、不想去公司！我該怎麼辦？ / 池井佑丞著；林函鼎譯 . -- 初版 . -- 臺北市：平安文化 , 2023.6 面； 公分 . -- (平安叢書；第 761 種)(UPWARD；147)
譯自：「燃え尽きさん」の本
ISBN 978-626-7181-69-0 (平裝)

1.CST: 工作心理學 2.CST: 心理衛生 3.CST: 生活指導

176.76 112007063

平安叢書第 761 種
UPWARD 147

燃燒殆盡的人

沒幹勁、無法努力、不想去公司！我該怎麼辦？

「燃え尽きさん」の本

作　　者—池井佑丞
譯　　者—林函鼎
發 行 人—平　雲
出版發行—平安文化有限公司
台北市敦化北路 120 巷 50 號
電話◎ 02-27168888
郵撥帳號◎ 18420815 號
皇冠出版社（香港）有限公司
香港銅鑼灣道 180 號百樂商業中心
19 字樓 1903 室
電話◎ 2529-1778　傳真◎ 2527-0904
總 編 輯—許婷婷
執行主編—平　靜
責任編輯—陳思宇
美術設計—江孟達、李偉涵
行銷企劃—薛晴方
著作完成日期— 2022 年
初版一刷日期— 2023 年 6 月

法律顧問—王惠光律師

讀者服務傳真專線◎02-27150507
電腦編號◎425147
ISBN◎978-626-7181-69-0
Printed in Taiwan
本書定價◎新台幣 340 元 / 港幣 113 元